JN057019

あなたが出逢いたいコーチにきっと出逢える！

コーチ52選

名鑑

いきいきとした人生と仕事に貢献するコーチの会 編

はじめに

　人生は、誰もが選択の連続です。学業、就職、仕事、人間関係、家族など、さまざまな場面で岐路に立ち、決断を迫られます。その選択が、その後の人生を大きく左右するだけに、そうした人生の選択に迷い悩む人も少なくありません。自分にとっての正しい道がどこにあるのかわからず、不安や焦燥に駆られることもままあります。

　そんな時に、私たちに寄り添い、導いてくれる存在こそが「コーチ」です。

　コーチは、クライアントさんが自分自身を理解することを助け、目標を明確にするためのサポートを行います。そして、クライアントさん自らが持つ能力を最大限に引き出し、より良い選択ができるように問いかけ、話にじっくり耳を傾け、解決策を自分で見つけられるように導いてくれるのです。

　本書は、人生のあらゆる局面において、あなたを支えてくれる「選りすぐりのコーチ」を紹介するためのガイドブックです。

　本書に登場するコーチは、それぞれに人生の紆余曲折を重ねてコーチという「天職」にたどり着きました。その過程で、挫折や苦難を乗り越え、自分自身を深く洞察することで、真のコーチングスキルを磨き上げてきました。だからこそクライアントさんに心から寄り添うことができるのです。

人生に寄り添える多彩なコーチング

　本書では、パーソナルな「ライフコーチ」「メンタルコーチ」「キャリアコーチ」、職場のリーダーを育てる「リーダーシップコーチ」、経営陣を導く「エグゼクティブコーチ」など、人生のさまざまな局面に対応し

たコーチを紹介しています。

　それぞれのコーチングの内容を簡単に紹介しますと、次のようになります。

〈パーソナルなコーチ〉

　　ライフコーチ：自分らしい人生を歩むためのサポート

　　メンタルコーチ：心の健康を維持し、目標達成をサポート

　　キャリアコーチ：理想のキャリアを実現するためのサポート

〈組織を支えるコーチ〉

　　リーダーシップコーチ：リーダーの育成と組織の活性化をサポート

　　エグゼクティブコーチ：経営陣のパフォーマンス向上をサポート

あなたの人生を好転させる最良のコーチに出逢える

　本書によって、あなたの人生に最適なコーチを見つけることができれば、これに勝る喜びはありません。ぜひ、そのような出逢いが生まれますよう心から祈っております。本文にある各コーチからのメッセージはもとより、主な相談テーマなどが掲載されているプロフィールページもご参照ください。ここをチェックしていただくことで、あなたとコーチとの相性を判断することができます。

　人生の岐路に立って道に迷われる時、本書があなたの人生を開いてくれたら幸いです。

[本書の使い方]

本書の価値は、次の３つのステップで享受できます。

ステップ１．自分に適したコーチを見つける

各コーチのプロフィール、主な相談テーマ、コーチングサービスの概要などを参考に、あなたと相性の良いコーチを探しましょう。

ステップ２．コーチングを受ける

選んだコーチに連絡を取り、セッションを申し込んでみましょう。

コーチングは、対面、電話、オンラインなど、さまざまな方法で受けることができます。

ステップ３．人生を好転させる

コーチとのセッションを通じて、自分自身を理解し、目標達成に向けて行動しましょう。

人生は一度きりです。本書をきっかけに一歩踏み出し、あなたの人生をより充実したものにしていってください。

2024年4月

いきいきとした人生と仕事に貢献するコーチの会

※各講師のプロフィール内容におけるセッション人数、コーチング時間及び料金等は2023年12月現在のものです。

第 **2** 章

目標達成やパフォーマンスの向上を図るために、
心理的な面をサポートする
「メンタルコーチ」、おすすめの11人

第3章
個人が自分ならではのキャリアデザインを自立的に実現していけるようにサポートする「キャリアコーチ」、おすすめの7人

第4章
組織やビジネスのリーダーを支援する「リーダーシップコーチ」、おすすめの14人

第5章

ビジネスのエグゼクティブや経営者を支援する「エグゼクティブコーチ」、おすすめの12人

装幀　梅沢 博（アリクイズム）

カバー・帯イラスト　iStock.com/Mironov Konstantin

図版作成　村野千草（bismuth）

個人の人間関係や家族関係、仕事や収入面など、人生全般をサポートする「ライフコーチ」おすすめの8人

人生ではさまざまな問題や悩みに直面します。家族や職場での人間関係、仕事や収入への不満・不安など、自分の思い通りにはいかないことに焦燥や憤りを感じる人も少なからずいらっしゃることでしょう。ライフコーチは、とらわれを抱えるあなたに寄り添いながら、理想の人生づくりをサポートします。

コンセプトは「己を知り、未来を拓く」。潜在意識に眠る"無自覚なコミュニケーション・パターン"を見つけ人生が変わる体験を！

【潜在意識コーチング®】
日本初！ 大企業も採用
３カ月で人生が激変する
コーチング

ワンネス株式会社　代表取締役／石山喜章

▌トヨタや三菱電機など152社が採用したメソッド

　私が17年の歳月をかけて開発したコーチングの技術「ロジカル潜在意識メソッド®」は、トヨタ・三菱電機・NTT・日立・東急グループなど152社のマネジメント層が受講し、業績アップや離職率の改善など目に見える成果を生み出しています。「潜在意識から変革するコーチング」は、ビジネスの現場で使えるだけでなく、人間関係を変え、人生全体を変えるほどの波及効果があります。

▌３カ月で、潜在意識の深いレベルから人生を激変させる

　私たちの「潜在意識コーチング®」は、潜在意識の深いレベルにアクセスし、根本原因を取り除いて意識と行動を変える画期的な手法です。それまで何をやっても変わらなかった人や、人生をあきらめかけた人でも、自分の本質・才能に気づき、成果を上げて自分らしく人生を送れるようになっています。３カ月の間に６回のセッションを受けることで、ご自身の潜在意識が変容し、自然に振る舞いが変わっていきます。

ライブドア→悟り修行→ワンネス創業

　私がプロデューサーとしてライブドアのメディア事業部を立ち上げていた当時、6名から600名へと急成長する組織の中では毎日がトラブルの連続でした。社内紛争・取引先からのクレーム・共同事業に関する裁判まで……さまざまな課題に直面し「人の意識とは何か？を理解しなければ、問題解決はできない」と感じ、探求し始めた矢先にライブドア事件が起きました。それを機に覚者（悟り人）の下で7年間の修業を積み、体得した内容をもとにワンネス株式会社を創業。企業研修やコーチングを通じて、意識改革の手法をお伝えしています。

17年間で1万人以上の悩み相談に

　これまで17年の間に、起業家・経営者・個人事業主・会社員・主婦の方など1万人以上の相談に乗ってきました。コーチングが終わると、たった1カ月で営業の女性は売上が2倍になり、個人事業主の方は注文数が3倍にアップ。小売販売店でのセールスが全国1位になった会社員の男性や、自社の業績が2〜3倍になった経営者の方もいます。いずれも潜在意識レベルで自己理解と他者理解が深まったことにより、大きな成果につながっています。

会社員の田畑英樹さん→注文3倍、売上は1億円アップ！

　上司との意思疎通がうまくいかず職場の人間関係に悩んでいた営業職の田畑さんは、「人が怖い」ということがなくなり、結果として戸建住宅の契約数が前年比で3倍、売上は1億円もアップしました。それまでの一方的に話すコミュニケーションのとり方が変化したことで、家族との会話と笑顔も増えています。

主婦の戸田恵利子さん→トントン拍子に願いが叶う!

叶えたい希望があっても「お金がないから無理」とあきらめていた戸田さんは、「自分が本当に望んでいること」に正直になることができ、ほしかった理想の車を手に入れました。以前からやりたかった家のリフォームも、思考を変えたらあっという間に決まり、トントン拍子で願いが叶っています。

会社員の小林愛花さん→起業して夢を実現!

コンビニの商品開発をしていた小林さんは、自分の魂の願いに気づいて会社を退職し、チョコレート・アーティストに転身。7カ国31都市を巡って独自のチョコレートブランド『Aika Chocolat』を立ち上げ、クラウドファンディングで4,706%を達成。全国の小中学校に招かれ、「情熱に従って生きる人生」について講演するなど多方面で活躍し、まさに人生が激変しました。

性格を変えたい、生きづらさを解消したい人にお勧め

潜在意識コーチング®をお勧めしたい対象は、「生きづらさ」を解消したい方、「本当に自分がやりたいこと」を見つけたい方、自己理解を深めて自己成長へつなげたい方です。特に、個人事業主・経営者などビジネスをされている方は、自分自身の潜在意識を理解することが業績向上につながります。人生の転機を迎える主婦の方、定年前の方が、第二の人生を考える際に受けるケースも増えております。

潜在意識を体系的に学べる「潜在意識アカデミー」

コーチングを受けるだけではなく、「潜在意識について体系的に学びたい」とお考えの方には、日本初! 150社が採用したロジカル潜在意識メソッドを学べる「潜在意識アカデミー」がございます。体系的にロジ

カルに理解できるので、営業・接客・コンサルなど「人を支援する」仕事で成果を出したい方に人気があります。

　初心者でもわかるよう潜在意識の正体や仕組み、人生を変える正しい方法と手順をロジカルに説明しており、スピリチュアルな要素がないので、製造業や金融、IT 業界など理系の方々にも支持されています。他のセミナーで学んでも根本的に変化できなかった方が、最後の砦としてたどり着くケースも多々ございます。

コーチを志すなら「潜在意識コーチ®養成講座」

　自らコーチとして働きたい方には、潜在意識にアプローチするコーチング手法を習得できる「潜在意識コーチ®養成講座」を提供しています。明日から自分の商品として販売できる 6 種類のセッションが手に入り、起業・集客の内容も含まれているので、これから起業される会社員の方から、既に活躍されているコーチの方まで、多くの方がスキルと収入面でレベルアップされています。

ノウハウではなく「望む未来に至る」プロセスを提供している

　私たちが提供するのはノウハウではなく、「潜在意識を使いこなし、本当に望む未来を手に入れる」ためのプロセス（道）です。

　問題や限界と直面した時に、道が見えないと、何をすればいいのか？もわからず迷い悩むことになりますが、道が見えると、今すべき行動が明確になり、迷いなく人生を歩んでいけます。

　自分と周りを幸せにしたい方は、ぜひ潜在意識コーチング®を受けてみてください。あなたが望む未来へ到る道が明確になり、行動できるようになります。

まずはお試し！　潜在意識コーチング®を体験するには？

　次の URL から「お試しセッション（3,300 円／ 30 分）」にお申し込みく

ださい。潜在意識コーチング®を気軽に体験することができます。潜在意識について体系的に学びたい方は、「潜在意識アカデミー」のURLから無料動画を視聴することができます。潜在意識コーチ®になりたい方は、「潜在意識コーチ®養成講座」をご確認いただければ幸いです。自分自身を変え、人生を次のステージへ進めたい方との出会いを楽しみにしております。

潜在意識コーチング®
https://oneness.inc/service/coaching/
潜在意識アカデミー
https://oneness.inc/oc/program/
潜在意識コーチ®養成講座
https://oneness.inc/sc3/index.html

〈プロフィール〉 石山 喜章（いしやま よしあき）

ワンネス株式会社 代表取締役、「潜在意識アカデミー」主宰
1977年 8 月30日生まれ。鳥取県出身。
ライブドアでプロデューサーとしてメディア事業を立ち上げた後、7 年間の悟り修業を経て、2012年にワンネス株式会社を創業。書籍『世界が一瞬で変わる 潜在意識の使い方』（あさ出版）が実売 1 万部を超え、152社5,800名以上に研修・コーチングを提供。ビジネスに使える潜在意識の専門家として、メディア出演も多数。人生を次のステージへ進めたい人の魂の成長を支援している。

コーチ歴	2007年から	セッション人数	約10,000人
コーチング時間	約22,000時間	主なお客様の年齢層・性別	30代〜50代男性・女性
活動拠点	東京都／対面・リモート、どちらも対応可		
資格	潜在意識コーチ®		
主な相談のテーマ	起業に際しての商品開発と集客販売／これからの人生、キャリアの再構築／経営・組織課題に関するご相談		
コーチング商品および価格（時間・回数）	・潜在意識コーチング®体験：3,300円／ 30分 ・潜在意識コーチング® 1 回：35,000円（90分／回） ・潜在意識コーチング® 3 回：98,000円（90分／回） ・潜在意識アカデミー（スタンダード・コース）：300,000円		
コンタクト方法・連絡先	ホームページ：https://oneness.inc/ メール：academy@oneness.inc TEL：03-3457-1127（平日 9：00〜18：00）		

コンサルティング、コーチング、トレーニングの三位一体で、どんな状況でもしっかり受け止めて応援し続けます。

自ら体験したコーチングによる人生観・価値観の進化を礎(いしずえ)に "いきいき"と自分らしく生きる仲間を増やしたい

一般社団法人チームスキル研究所　理事　コ・ファウンダー　研究所長／田中 信

"いきいき"への思いが満たされない人生を送っていた20代

　私は就活時に会社の歯車になることに疑問を持ち、企業に勤める人たちに「"いきいき"としてほしい」という思いを持って日系の経営コンサルティング会社に就職しました。しかし、そのファームが扱う経営課題の多くは「効率化、生産性向上、コストダウン」でした。

　"いきいき"という言葉は、今でこそいろいろなところで聞くようになりましたが、私がコーチングと出合う前の1990年代は、"いきいき"という言葉を耳にするどころか、上司や先輩たちから「なんでそんなことを目指すの？　お金になるの？　成果は何？」と言われるような時代でした。そんな仕事環境の中、私がやりたかった「人の"いきいき"を支援する」という思いが満たされない日々を送っていました。

自分の話を聞いてもらい、ありのままを受け入れてもらう原体験

　"いきいき"の支援ができないコンサルティング会社からの転職も模索する中、人に寄り添える産業カウンセラーの資格を取ろうと思い養成講座に参加したことが大きな転機となります。そこでは人事スタッフ、学

校の先生や看護師さんなど、それまでまったく関わったことがない素敵
な人たちがたくさんいました。参加者たちは私の話をしっかりと聞き、
共感してくれる人ばかり。その体験から、「"いきいき"を目指す自分が
おかしいのではなく、語る相手が違っていた」ことに気づきました。

　さらには、これより少し前に人生でとても辛い状況に遭遇した際、友
人から「お前はそのままで十分素晴らしい」と、自分のありのままを認
めてもらう瞬間も体験していました。

　これら2つの原体験をきっかけに、コンサル会社に勤めながら個人的
に傾聴スキルやキャリアカウンセリングなどの勉強と実践を積み重ねて
いきました。そして2000年代を迎える頃、勉強仲間から「コーチングに
向いているのでは？」と言われたことがきっかけで、コーチとしての道
へ踏み出すことになります。

┃ たくさんの涙と共にコーチングの世界にのめり込んでいく

　コーチの資格取得コースに通っていた頃、トレーニングを受ける度に
涙を流していたのを覚えています。共に学ぶ仲間と体験学習を重ねる過
程でどんどん自分の心が解放され素直になっていく感覚がありました。
それまでの私は、自分の課題は自分の中だけで解決すべきと思っていま
した。そうした凝り固まった考えがほぐれ、本来の自分に触れて、考え
が整理される度に、涙と共に心が洗われていきました。その他にもクラ
イアント体験を通じて人生観、家族観の進化や"無"の体験など、ここ
では語りつくせないほどたくさんの大切なことに気づく機会を得ること
ができました。

　この経験を通じて、私は、コーチングには対話を通じて、人の心が洗
われ、その人の本来の力を引き出し、前向きに歩めるようになる力があ
ると確信し、コンサルファームにて新規事業としてエグゼクティブコー
チング・サービスを立ち上げました。その後、2009年に本来やりたかっ
た"人と組織の力を引き出す仕事"に専念すべく独立しました。

高い品質と守秘の徹底

　私がコーチングをするうえで心がけていることは「品質」です。今まで述べてきたように、私自身がコーチングを受けることを通じて、人生観・仕事観などが進化する経験をしました。そういう私だからこそできる「その人らしい価値観を見出し、進化する体験を最大化するコーチング」を目指しています。

　守秘義務に関して、コーチング内容は当然ですが、企業の要職についているクライアントも多く、コーチングのクライアントであることも機密としています。また法人向けサービスでは人事部へも対話内容は機密扱いとし、報告にも最大の配慮をしています。

　その他、経営人材向けの企業内研修においては、集合研修に加えてエグゼクティブコーチングを導入することで、一人ひとりの経営リーダーとしての成長支援を行っています。

「日本一話すコーチ」の異名も

　私の特徴は、人を軸としたコーチングの関わりに加え、これまでのキャリアの中で培われてきた企業経営、組織マネジメント、改革推進などのコンサルティング経験を活かし、ビジネス軸からの具体的な施策、課題などの壁打ち相手としての支援も十分にできることです。クライアントから希望があれば積極的に提案を行うため、とある会社役員からは「日本一話をするコーチ」と呼ばれています。

コーチ仲間からの推薦メッセージ

　最後に私が信頼するコーチ仲間からの推薦コメントをご紹介します。
通常のコーチングでは物足りない人
・これまでにコーチングを利用したことがあるが、何か物足りなさを感じている

対人サービス範囲の広さを求める人

・カウンセリング、コーチング、ティーチング、コンサルティングなど、幅広い対人サービスを、クライアントの状態や話題によって柔軟かつ適切に選んで対応してくれることを望んでいる

現状の概念を壊したい人

・一般的なやり方や、世間で流行っている方法ではうまくいかなかったり、疑問を感じている
・自分が気づいていない固定観念や先入観、思い込み、習慣などを打破

構想力・コンセプト力・先を見る力を高めたい人

・経営的視点での検討やビジョンを描くことを手伝ってほしい
・今までにない発想や、新しいコンセプトを描くことを手伝ってほしい
・世の中の潮流や動向を見極め、将来の方向性を検討したい

本質を追求したい人

・自分自身が根本的に見直していくべき本質は何かを知り、そこに向き合うことを本気で支援してほしい
・たくさんの課題を抱えていたり、課題が複雑で頭が混乱している状態から、最も重要なことを見極めたいと思っている

人として成長したい人

・クライアントが提示するテーマを解決するだけでなく、人として高い次元へ成長（発達）していくことを望んでいる
・自分の強みや魅力、才能を自覚できていなかったり、受け入れられずにいる
・自己成長に向けた困難、葛藤などから逃げずに向き合うことに対し、本気で支援してほしい

〈プロフィール〉田中 信（たなか まこと）

一般社団法人チームスキル研究所　理事　コ・ファウンダー
研究所長、いきいき職人
1965年神奈川県相模原市生まれ。1989年より日系コンサルフ
ァームにて企業・組織の改革・改善支援や人と組織の力を引
き出す領域での新サービス開発（エグゼクティブ開発、エグ
ゼクティブコーチング、リーダーシップ、社内コンサルタント養
成等）を担当。2009年独立。2012年に仲間と一般社団法人チ
ームスキル研究所を設立。その他、経営者養成プログラムを
開発するためインドでのヨガ修行や他者へ関わる力を磨くた
めスリランカ仏教寺院への一時出家などを経て現在に至る。

コーチ歴	2001年から	セッション人数	約210人
コーチング 時間	約1,900時間	主なお客様の 年齢層・性別	20代〜60代 男性・女性
活動拠点	神奈川県横浜市／対面・リモート、どちらも対応可／宮古島リトリートも可		
資格	ISO30414リードコンサルタント／アセッサー 国際経営コンサルティング協議会認定 CMC® Gallup認定ストレングスコーチ ／ DiSCトレーナー ／ ProfileXT資格 CTIジャパン認定CPCC® CRR Global Japan認定ORSCC™ TLC（The Leadership Circle）認定プラクティショナー ／ CP360資格 TCI認定CTPC（Certified Team Performance Coach™） 工学修士		
主な相談の テーマ	自分の強みや特徴を発掘して、自分らしく"いきいき"とした人生を送りたい／自分が考えていることや思いを客観的に見て、異なる視点で検討したい／日々のビジネス遂行における課題抽出やその対応策をつくり、成果を出したい／単なるビジネス成果だけでなく、社員を最大限に大切にし、その可能性を引き出し、一人ひとりや組織全体を輝かせることについても併せて達成したい／経営ビジョン・中計達成の施策づくり、人材・組織開発（経営層）		
コーチング商品 および価格 （時間・回数）	基本的にはコーチ仲間やユーザー様のご紹介にてご依頼をいただく形としています。 ・個人契約コーチング（フィーは原則ご喜捨扱いとしています、実施回数は原則3カ月単位で、長い方は10年以上継続されている方もいらっしゃいます。1セッション1〜3時間程度） ・法人契約コーチング（取り扱いエージェントとご相談のうえ決定しています）		
コンタクト方法 ・連絡先	ホームページ：https://www.teamskill.org/home メール：info@teamskill.org（いきいき職人コーチング・サービス宛）		

根本的な課題解決を目指したい方、「強み」「自分らしさ」で真の自己実現を望まれる方に、心からあなたを信じて全力でサポート。

自分の可能性を広げ、輝く人生へ。コーチングで才能と自信を引き出すセッション

ハーモニーM　代表／松本美和

コーチングとの出合い

　周りの気持ちを敏感に察してしまうことで、自分の気持ちよりも、自分はどう振る舞えばよいのかばかりを優先し、いつしか自分がどうしたいかという感情にすら気づかなくなっていたかつての私。学生時代の私は、それなりに勉強もできたし、そこそこ目立つ存在で、結婚後は３人の子どもにも恵まれて幸せだったはずなのに、ふと気づくと、かつての同級生たちはバリバリ仕事をして稼いでいる反面、私は毎日同じ服を着て髪を振り乱し子どもたちと格闘していました。かつてのプライドは劣等感へと名前を変え、周りとのギャップにどんどん自分を見失っていきました。「こんなはずじゃなかったのに……」。そんな時、私はコーチングに出合います。

　幼い頃から【人に迷惑をかけないようにしなさい】と教え込まれ、【出る杭は打たれる】を身をもって体験した幼少期の経験が引き起こすメンタルブロック。苦しいとも感じられなかった状態から強みやファウンデーション（自己基盤）を学ぶ中で、少しずつ【自分を大切にすること】に意識を向けられるようになっていきます。こんなにも生きやすい

25

人生があったなんて……。

あなたの思考を整理して、才能を開花させるお手伝い

　ふと周りを見回すと、すでにこれまで、十分なキャリアを積み重ね、
他者からも評価を受けてきているにもかかわらず、周りの言動や評価を
気にしすぎて自信をなくし、悶々としている人がたくさんいることに気
が付きました。

　一例を挙げると、メンバーのやる気を引き出し、チームをまとめる能
力に長けているのに、目に見える成果だけを求められ、一方的に上司の
やり方を押しつけられ、疲弊し心が折れかかっているプロジェクトリー
ダー。以前は責任ある仕事を任され、終電で帰ることも充実感でしかな
かったはずだったのに、結婚し子どもが生まれたとたん予期せぬ配置転
換。重要なプロジェクトメンバーからは外され、自分より能力も経験も
未熟だったはずの後輩たちにどんどん先を越されてやる気をなくしてい
る女性社員。これまで何の疑問も感じることなく勤めてきたけれど、あ
と5年で定年。家庭より仕事を優先してきた自分の生き方はこれで本当
に正しかったのか？

　一人で考えていても、答えの見えないループにはまっておられる方。
こんな時は一旦立ち止まって、あなたのグルグル巻きになっている思考
を整理してみませんか？　現在地を見つめなおし、理想の状態に向けて
のスモールステップを明確に設定できれば、あなたは理想の状態に確実
に近づいていきます。自分にコントロールできることとできないことを
しっかり区別するとともに、あなたの強みを最大限に発揮するために
《開けてみませんか、コーチングのとびら》

私のコーチングの特徴

・「クリフトンストレングス」を用い、自分の強み（勝ちパターン）と弱
　み（負けパターン）を知ることができます。

・内面にある『恐れ』『思い込み』『とらわれ』といった無意識の思いに
　丁寧にフォーカスすることで、心のブレーキを外し、自ら行動できる
　ようになります。
・自己理解、他者理解が深まることで、チームのマネジメント力を上
　げ、成果につなげるアプローチを見つけられるようになります。
・人生を主体的にハンドリングできるようになり、仕事やプライベート
　における幸せ指数が上がります。

お客さまからの声

★セッションは、自分の本当の想いや現在の状況を把握できる時間にな
っています。自分の問題の"真の原因"を考え行動できるようになっ
て、本当にいつもセッションが楽しいです。こんな風に思えるとは想像
以上でした（40代　会社員　男性）。

★自分が前進することにおいてブレーキとなっていたのは、知識や経験
の不足ではなく、自身の思考の癖かもしれない、という気づきを得られ
たことは大きな発見でした。これから自分の状態を高めていくことに全
力を注ごうと思えました（50代　会社員　男性）。

★自分を信じることの大切さ、自分の能力発揮を妨げているものを解消
すること、ありのままの自分の特性を引き出せればちゃんと夢に到達で
きることなど、今後生きるうえで大切な、さまざまなことについて気づ
かせていただきました。今後も、能力を発揮していけるよう、全力で頑
張って人生の可能性を切り開いていきたいと思います（30代　看護師　女
性）。

★パワハラを受けていて、相手の反応に過度に反応していた私でした
が、自分の強みにフォーカスさせてもらえたおかげで、少しずつ自分を

取り戻すことができ、今は新しい職場で仕事しながら、念願の国家資格
も取得できました！（40代　会社員　女性）

★中学2年の娘が食事を摂らなくなり、そのうち学校にも行かなくなり
ました。親である私がたまたまコーチングに出合っていたことで、娘の
コーチングがスタートしました。なかなか本音を言わない娘が、セッ
ションの中で不安な部分を声に出して言えているように思います。今、娘
は自分らしく生きるために確実に階段を上っています。私自身がコーチ
ングに出合い、変わることができたように、娘も自分自身を見つめ直し
ているのだと思います（40代　会社員　男性）。

★これまで自己肯定感が低くずっと日々の生活が苦しかったですが、そ
んな状態から抜け出すきっかけになったと思います。今回のコーチング
で教わったことを少しずつ自分のものにして、楽しい生活を送れるよう
にしていきたいと思います（20代　会社員　男性）。

★松本コーチは状況把握が素早く正確で、普段人にはうまく伝えられな
い悩みを、短時間で汲み取ってくれるので、いつも気兼ねなく話すこと
ができます。話を理解していただけるだけではなく、「その先」につな
がる問いかけをしてくださるのもとてもありがたいです。その時々の悩
みやストレスを刹那的に話しているだけのつもりが、いつのまにか自分
の中にある普遍的なテーマに行き着いていたり、悩みがいつのまにか課
題に変わっていたり、想定外の気づきがたくさんあります（30代　医師
男性）。

〈プロフィール〉**松本 美和**（まつもと みわ）

1963年8月25日長崎県生まれ。
榊原記念病院CCUにて3年間勤務。
松本美和ミュージックアカデミー主宰ピアノ講師
プロコーチ

コーチ歴	2016年から	セッション人数	約500人
コーチング時間	約1,700時間	主なお客様の年齢層・性別	30代〜50代 男性・女性
活動拠点	東京都／セッションは主にリモート。対面・リモートのどちらも対応可		
資格	国際コーチ連盟（ICF）プロフェッショナル認定コーチ（PCC） Gallup認定ストレングスコーチ コーチングプラットフォーム認定コーチ マザーズコーチジャパン認定グランドマスターコーチ 看護師		
主な相談のテーマ	キャリアアップを目指したいけれど、失敗するのが怖い／本当にやりたいことがわからず、仕事に対してのモチベーションが上がらない／常に周りの目や評価が気になってしまい、目の前のことに集中できない／相手とのコミュニケーションに自信が持てず、メンバーのやる気を引き出せない／仕事とプライベートの両立がうまくいかず、上司に認められないのが悲しい		
コーチング商品および価格（時間・回数）	1回60分　18,000円（税込）／月2回　各60分　33,000円（税込）		
コンタクト方法・連絡先	ホームページ： https://www.reservestock.jp/pc_reserves_v2/courses/24295 問い合わせ：https://www.reservestock.jp/inquiry/33752 メール：keyboard@nifty.com		

「調えると、うまくいく。気づきと行動で人生が変わる」をモットーに、コーチングで人生を創る習慣を調え磨きましょう。

「調え道コーチング」
調えると、うまくいく。
影響力が求められる立場の人のための、仕事もプライベートもうまくいく調え方基礎編

コーチングサロン・フィール　代表／小野弓子

１ なぜ「調えるとうまくいく」のか？

自分の心や環境を最適な状態にすることで、未来が輝く・影響力が増す。

「調える」ということ

「調えるとは、調和のとれた望ましい状態にすること」

コーチングでは「未来に向かって行動すること」を重要視しています。私は「望む未来に向かって自分と調和し心豊かな未来を創り上げていくため」に調えることをコーチングの核としています。

なぜ調えることが重要なのか？

「強固な基盤は、どんな人生も創り出せる」

例えば、ビルを建てる時を考えてみてください。最初に地下に穴を掘って基礎工事をしますね。私たち人間も未来を創るために基礎工事に当たる基盤・土台をしっかりと固めていくことで、よりスムーズな人生を歩めるようになります。

「上に、上に！」よりも先に足元の「基盤を調える」ことがまず重要なのです。

調えることで得たもの

「どん底から幸せへの道のり」

　2006年、起業したばかりの頃の私は若かったし、エネルギーに満ち溢れていて何でもやりました。そのため、すぐに結果が出ました。しかし、それも長くは続かず、徐々に低迷し転がり落ちる始末。今から思えば人と関わる仕事をしていながら「自分自身が調っていなかったこと」が大きな要因です。スキルばかりが先行し頭でっかちな未熟者でした。現在では調えることを習慣とし、仕事もプライベートも順調で、成功というよりも「成幸＝日々幸せを感じる人生」へと変化しています。

②「調える」3つの視点

独自メソッド「調え道コーチング：思考・感情・環境を調える」

①思考を調える

　思考が調っていないと、前向きに考えられない。

　人は1日に7万回思考し、その8割はネガティブなものだと言われています（諸説あるようです）。すごくないですか？　こんなに頭の中がネガティブで溢れているなんて！

　これは脳の仕組みからも言えることで、脳は危険を察知して自分の身体を守る役割があるとのことです。だから、どうしても人は危険＝イヤなことを探すようにできています。そんなやっかいな思考ですが、調えていく方法はあります。最初にやるべき最もシンプルな方法は、「**人に話す**」「**紙に書く**」ということです（実は、この「人に話す」ことがコーチングなのです）。

　客観視することで思考を調えることができます。

②感情を調える

　感情が調っていないと、良い未来を描けない。

　例えば、責任や重圧等から来る負の感情が溢れている毎日は辛いものです。仕事・家庭・将来への漠然とした不安などを抱えているだけで、人に良い影響を与えることができなくなります。

　では、どう対処したらいいのか？

「自分とのコミュニケーション」をとる。

　コミュニケーションというと、「対人関係」だと思っていませんか？実は、何と言っても「"自分との"コミュニケーション」が大事なのです。

　湧いた感情を「あぁ、今〇〇と感じているな～」と、まずは**わかってあげること**。

　自分が感じている感情を否定も判断もせずに**「自分自身と仲良くすること」**が、感情が調う第一歩となります。

③環境を調える
　環境が調っていないと、ヤル気が奪われる。
「ささいなイライラをなくす」
　ささいなイライラを放置せずに**さっさと片付けてしまうこと**に、いったいどのような効果があるのでしょうか？

　例えば、モノが溢れた机を見て、「あぁ片付けなきゃ」。

　溜まった書類を見て、「あぁ整理しなきゃ」など。

　こういうことを**「思うだけで、実のところエネルギーが奪われてしまっている」**のです！

　こんなささいなことで前向きな心が奪われ、行動ができない自分になってしまうのです。

　ささいなイライラを排除すべく立ち上がりましょう！　重い腰を上げて、小さなことを片付けていくのです。エネルギーが満ち、前向きな気

持ちで日々を過ごすためにも、ささいなことを片付けてキレイにする習慣は自分自身を幸せに導く道しるべなのです。

あなたの身の回りの環境があなた自身に影響します。

③ 心が調う究極の気づき：日々を幸せに生きるコツとは

あることに気づくだけで、感謝の心が生まれる!?

「感謝の心が溢れる人生」を送りたい！と誰しもが求めていると思います。

そこで考えてみましょう。

感謝の反対って……何？ 感謝の反対、真逆、対局……それはどんな言葉だと思いますか？

その言葉は……。

・

・

それは、「当たり前」と言われています。

そう、実は、日々いろいろなことを「当たり前」と思って過ごしていると「感謝できない自分」になってしまうのです！

あなたの心の在り方が人に影響します。今日から「自分の中の当たり前」に気づいて見直して、感謝の心を育てていきませんか？

最後に

仕事もプライベートも人生をより良くするコツは、実は魔法でも何でもなく、自身のほんのちょっとした考え方・ちょっとした感情の扱い方・ちょっとした身の回りの整理整頓、こういうところにあるのです。調え道コーチングでは、影響力が求められる立場の人のための、心豊かで幸せな未来創りをサポートしています。

〈プロフィール〉小野 弓子（おの ゆみこ）

調え道マスターコーチ

1968年2月6日、大阪生まれ大阪育ち。

自分の価値や生き方に疑問・不安を覚えたことをキッカケに
コーチングと心理学を学び始める。コーチングを通して自身
の人生が劇的に好転する経験を持つ。

得意分野は、思考・感情・環境を調えることで人生を好転さ
せる独自メソッドを使った調え道コーチング。顧客からは
「人生が変わるコーチング」「自分が変われば世界も業績も変
わることを実感」「コーチングに出合えて良かった」などの
声が上がる。

コーチ歴	2004年から	セッション人数	303人
コーチング 時間	3,058時間	主なお客様の 年齢層・性別	40代〜50代 男性・女性
活動拠点	大阪府／対面・リモート、どちらも対応可		
資格	（一財）生涯学習開発財団認定 マスターコーチ		
主な相談の テーマ	お仕事のステージアップ・収入アップ／仕事とプライベート、両 方の充実／ライフスタイルの構築		
コーチング商品 および価格 （時間・回数）	コーチング1回当たりの値段：16,500〜33,000円（税込） 月1〜2回／1回60分		
コンタクト方法 ・連絡先	ホームページ：https://coachfeel.com/ メルマガ「ととのえると、うまくいく」：https://coachfeel.com/tlp 問い合わせ： https://48auto.biz/jibunjiku5method/touroku/entryform2.htm		

「すべての人には才能がある」「相手の価値観を尊重する」が私のモットーです。

本来の自分に戻れば、
人生は良い方向へ流れ出す

株式会社CYAN　代表取締役／篠崎 緑

■ ちょっと変わったコーチ人生のスタート

　私はコーチングを教科書で学んでコーチになったのではなく、縁ができた一人ひとりと誠実に向き合っていったら、それが結果的にコーチングになっていた、というちょっと変わった経歴を持っています。

　学校を出て就職し、仕事覚えは早く人間関係も問題なく、働くことも好きだったのに、なぜか時間的な拘束がある仕事は性に合わず、1つの会社が長続きしませんでした。時間に縛られずに仕事をしたいと始めた雑貨屋さんも在庫を抱えて失敗。心と体のバランスが崩れていきました。自分の苦しみの正体と向き合い、もがき考え抜く中でようやく光明が見え始め、そんな中、身ひとつで始めたのが、人のお悩み相談だったんです。これが私のコーチ人生の原点になりました。

　当時は資格どころかスキルも人脈もない状態。でも、私は昔から「すべての人には何かしらの才能があり、必ず誰かにとっての価値がある」と信じていましたので、その価値を自覚し活用したら結果的にうまくいったんですよね。私の価値とは「勇気と行動力」です。あとは「元気とやる気」でしょうか。落ち込んでいる人に私の元気が役に立つこともある、ならば必要とする人に元気を届けようと思ったんです。そこでまず、私の葛藤や奮闘をブログにして情報発信を始めました。次に、読者

の方たちとリアルに会える場をつくり、さらに直接話をしたいという方を対象に個人セッションも始めました。「とりあえず一歩踏み出してみよう！」といった体験談は話すことができるので、よければ来てくださいねと。

　私は「お悩み相談」の実践からスタートしましたが、当時はこれがカウンセリングやコーチングであるとはまったく意識していませんでした。そんな時、ある人から「何をされる方ですか？」と聞かれ、「悩んでいる人、現実を変えたい人に伴走しながら、理想の状態になるまで寄り添っていく感じです」と説明したところ、「あー、それコーチングですよね」と言われ、初めてコーチングという言葉を知り、それからコーチと名乗り始めました。

　名乗るからには勉強しなければと本を読み、講座を受け、コーチの在り方について学びました。実際に学んでみると、「私がやってきたことは、まさにこれだった」という確認の連続。実践が後から言語化・体系化されていくのがとても新鮮でしたね。

　カウンセリングとコーチングは異なるものですが、コーチングにカウンセリング領域が必要となる場面も多いし、コーチもカウンセラーもセラピストも、すべて必要な要素です。ですから、私自身コーチやカウンセラーという肩書きはしっくりこないんですよね。私がやっていることを直訳すると「望む現実になるようガイドしていく人」となるでしょうか。相談者が必ず持っている何かしらの才能や特技、強みを見つけて、そこに自分で気づいてもらい、本来の自分に戻るお手伝いをするのが私の仕事だと思っています。

▍苦しみの本質を見抜いてもらうこと

　得意分野は？とよく聞かれますが、これはもう「苦しみを取り去ること」の一点です。相談内容は私的なことからビジネス分野まで幅広いのですが、どんな悩みでも私の中ではすべてが1つにつながっています。

相談ごとは本人も言語化できないことが多いのですが、人生のモヤモヤ感、漠然とした不安、何か引っかかる、どこか生きづらい……といった苦の感覚はベースとして共通しています。

　人間は誰しも、思考や思い込みや解釈といった、苦の原因とも言える「自我」を持っています。それは人生に必要なものですが、多くの人は「自我」と「自分」を同一化してしまい、勝手な思考や感情に振り回され苦しんでいるんです。その苦しみから解放されるには、感情や解釈を少し離れたところから眺めてみることです。すると、自分の体が直感によって勝手に動かされていることに気づくはずです。その流れに身を委ねてみると、全体のつながりの中で生かされている本当の自分が見えてきて、人生は自然に良い方向へ流れ始め、その人が持つ本来の人間性や才能を発揮しやすくなるんですね。

　ただ、セッション初回では、皆さん思考の殻という鎧をまとっています。言うなれば「にせ物の自分」状態、語る悩みも本音ではありません。心の奥には本当の悩みがあるのですが、取り出せないことがほとんどです。そこでまずは硬い殻をほぐすことから始めます。自我に埋没し思考と同一化したままでは、自分で答えを見つけ出せないので、自分が普段何を考えているのか、何に興味があるのか、何に憤りを感じるのかなどを尋ねていき、自身の思考や感情のパターンに気づいてもらうようにします。

　目の前に映し出される現実は、すべてが自分の心を映し出している鏡なんです。自分の思い込みや解釈、信念もすべて鏡に現れます。答えは必ず自分の中にありますから、私も鏡の1つとして、思い込み・錯覚に気づいてもらうための言葉を探していきます。

┃ なんとかなる！ そのことに気づいてほしい

　セッションの回を重ねると、人はどんどん変わっていきます。表情が明るくなるし、性格も変わったりします。人間不信だった方が人好きに

なったり、恥ずかしがり屋の方が人の前で歌えたり、自由に自分を表現
し始める。自分と他人を分離していた警戒心や敵愾心がなくなると、人
は本来の自分に戻れて、生き方がとてもラクになるんですよね。

　人生には一見辛いこともありますが、私は人生をまったく深刻には考
えていないんです。私にとって人生とは「愉しみ」や「娯楽」と言って
もいいくらい。苦悩を抱えている人はそこに気づいていないだけです。
こんなに楽しいアドベンチャーワールドがあるのにもったいない！　ど
んな悩みを持っていても、とにかくすべてなんとかなるんです！　どん
なことが起きても絶対に大丈夫！　そう気づいてもらえる仕掛けをセッ
ションの中にちりばめています。

　これからも、人が「我にとらわれない状態」になれるようサポートし
ていきたいと思います。

〈プロフィール〉**篠崎 緑**（しのざき みどり）

現実シフトコーチ
株式会社CYAN代表取締役
・宮崎県都城市に生まれ育つ
・26歳まで事務職の正社員をしながら宮崎で過ごす
・同歳に関東に生活拠点を変える
・アルバイトを転々としながら自分のビジネスを模索
・2018年から自分のビジネスの軸が定まり軌道に乗る

コーチ歴	2016年頃から	セッション人数	約3,000人
コーチング時間	約4,800時間	主なお客様の年齢層・性別	30代〜60代
活動拠点	主にリモートで対応		
資格	——		
主な相談のテーマ	やりたいことがわからない／もっと「これだ！」と思えるものを仕事にしたい／ビジネスを始めたいけれど何からやっていいかがわからない／今の状況から変わりたい／真理を知りたい／なんだかモヤモヤする生き方をクリアにしたい／魂のままに生きていきたい		
コーチング商品および価格（時間・回数）	1年間（1回1時間×12回）		
コンタクト方法・連絡先	Instagram：https://www.instagram.com/cyan_color/ X（旧Twitter）：https://twitter.com/mido20180905 YouTube：https://www.youtube.com/@real-shift アメブロ：https://profile.ameba.jp/ameba/smile-391256 LINE公式アカウント：https://kli.jp/f/cirX/		

「善く生き、新しい扉をひらく」がモットー。心身のバランス、自分軸の在り方への気づき。心と体のウェルビーイングをサポート。

新しい扉をひらく！
マルチなメンサコーチがお手伝い

有限会社プティオ　取締役／藤野奈緒子

紀元前、古代ギリシアの哲学者ソクラテスは「ただ生きることではなく、善く生きることである」という言葉を残しました。

セッション中「人生は、思い通りにならない」とため息をついた30代後半の男性。

私が短い問いを投げかけると、彼は自分の中にある答えを見つけたのか、それまで窮屈そうに丸めていた背中を伸ばし、照れ笑いをしました。

それから1年後。彼は新しい仕事に精力的に取り組んでいました。
「あの時先生に会えて本当に良かった。不思議と何かできそうな気になったんですよ」

5年間引きこもり続けたアラサー女性が社会復帰できた理由

5年以上自宅に引きこもっていた20代後半の女性。彼女はずっと「このままではダメになる」と強い自責の念にさいなまれ、「でも、何もできない」と葛藤し続けていたそうです。

ある時、偶然『姿勢改善』という言葉に惹かれ、私のところを訪れた彼女は、セッション直後、「あ、心と体がつながった！」と言って目を

41

見開きました。それはどういうことかと尋ねると、「私はこれまで心と体がバラバラでした。離れたところにある体を心が遠くから見ているような奇妙な感じがしていたんです。それが今、本当に久しぶりに心と体がつながって一致した感覚を思い出しました」と彼女は答えました。

そして約半年後、彼女は知人や近所のおばあちゃんたちに運動を教える立場になっていました。彼女が社会復帰できた理由、それは彼女自身が善く生きようと持ち続けた小さな勇気だと私は感じています。

変革を生む力は、あなたの中に眠っている

コーチングでは女性・男性、若い方からシニア世代まで、日常的なものから独特なものまで、さまざまなテーマに直面します。お一人おひとり、感性やニュアンス、表現も独特です。クライアントからセッション直後、「いきなり目の前に新しい扉が現れた、そんな感じです。まさに藤野マジックですね！」と言われた時、私は苦笑しました。

我々コーチは触媒にすぎません。きっかけを提供することで、相手の中に備わっている資質とエネルギーの反応が引き出されたら、ただ私は嬉しいのです。

魔法は心と体、両側面からのアプローチ

テーマの根源の多くは本人の無意識下にありますが、クライアント自身は気づいていません。私はセッション中、心と体の両面を大切にしています。変化する内面と外面のバランスやつながりに着目すると、変化のきっかけが生まれやすいからです。

対話中心のコーチングに体幹機能改善を加えた独自のコースでは「姿勢が整ったら、思ってもみなかった自分の深いところにあった気持ちが見えてきた」などの声を寄せられることも多くあります。姿勢改善をプラスすると内部のバランスに変化が生まれたり、心が停滞している時に簡単な機能運動をプラスすると、その後に内面にも動きが出やすくなっ

たりと、多彩なアプローチ手法を持っていることは私自身の強みであると感じています。

延べ71,000人以上、指導者資格1,887人を輩出

私はJAPAN・MENSAの一員で、マルチ人間と言われます。元々の専攻は研究畑でした。大学で教員免許の単位で受けた心理学に興味を持ちました。東京の専門学校専任講師を退職後、コーチ・トレーナー活動をスタート、依頼25年間のセッション・セミナー合計延べ71,000人以上と対面、1,887人*の指導者資格の取得サポートの実績など、現在も多彩な活動フィールドを持っており、バレエスタジオ代表、日本ストレッチング協会理事、日本コアコンディショニング協会講師他の活動の中にもコーチングを取り入れています（*2023年12月現在）。

出会いは、人生を変える

セッション風景

「先生と出会って私の人生は変わりました。そういう人、たくさんいますよ」

彼女と最初にお会いしたのは2018年。ごく普通の主婦がトレーナーへ、さらに難易度の高い講師資格の取得を果たしました。出会いから３年半後です。

「出会いがあって主婦の私がトレーナーに変わりました。学ぶことばかりでした。周りが見えるようになってきて『人との関わりの中で生きているんだな、生かされているんだな』と感じるようになりました。講師になろうとは思ってもみなかったけれど、人に伝えることの喜びを知りました」

彼女は現在、市民大学講座を担当、講師として資格認定セミナーを自

主開催し、さらに活躍の場を広げています。

▌新しい扉はひらく

　私が昔、専門学校の講師をしていた時の上司、Ｔ先生は本当に素敵な女性でした。彼女は大らかで情け深く、我慢強く、優しく、時に厳しく、強かにそして美しい生き方を私に示してくれた恩人です。

　私がクラス担任として壁にぶつかって悩んでいた時、Ｔ先生は不意に「私いま笑顔に見える？」とご自身の表情を私に尋ねました。
「私はね、どんな瞬間でもいつも相手には私の笑顔を見てほしいの」と言って口角を持ち上げて朗らかに笑いました。温かく美しい光景として、今も私の胸に焼きついています。それがまさに「いつも笑顔」という名の扉が私の目の前で開いた瞬間でした。

　　小さなきっかけは、自分の中に小さな変化を生み
　　自分が変わると、周りも変わり、状況も変化する

　先人ソクラテスの『善く生きる』という言葉は、漠然とただ生きるのではなく、より善く生きようとする姿勢が大切だという気づきを我々に与えてくれます。

　あなたに待ち受けるのは、どんな扉でしょうか。

　教えていただける機会を楽しみにお待ちしています。

〈プロフィール〉**藤野 奈緒子**（ふじの なおこ）

有限会社プティオ取締役
1965年生まれ。愛知県出身。
広島大学卒。高等学校教諭一種免許状理科を取得し、心理学に興味を持ち始める。心理系の資格に加え、運動指導者資格を複数取得。NPO法人日本ストレッチング協会理事、JAPAN・MENSA会員。著書に『お母さん、今の自分にOKだしていますか？　心と体の姿勢リセットでもっと笑顔に会える本』（ギャラクシーブックス）、監修本に『さよなら冷え、むくみ！輪ゴムdeながら美脚術』（幻冬舎）などがある。

コーチ歴	1998年から	セッション人数	約71,300人（※コーチ・トレーナー活動合計）
コーチング時間	約16,500時間（※コーチ・トレーナー活動合計）	主なお客様の年齢層・性別	10代〜60代 男性・女性
活動拠点	愛知県／対面・リモート、どちらも対応可		
資格	米国NLP(tm)協会認定NLPトレーナー／特定非営利活動法人（NPO法人）日本ストレッチング協会認定ストレッチングマスター／日本コアコンディショニング協会認定A級講師・マスタートレーナー／日本コミュニケーショントレーナー協会認定コミュニケーショントレーナー		
主な相談のテーマ	・対人能力・指導力、スキルアップに関するテーマ ・目標達成・自己実現に関するテーマ ・子育て、家族、職場環境、コミュニケーションに関するテーマ ・現状からの脱却、自立に関するテーマ　など		
コーチング商品および価格（時間・回数）	コーチング体験（45分）8,000円〜（税別） コーチング3【通常コーチング】（45分×3回）150,000円〜（税別）／【コーチング＋体幹機能改善】（60分×3回、ツールプレゼント付）177,000円〜（税別）※他にお得なコーチング12（12回）コース、会員割引、一括割引あり。 会員制サークル勉強会　月1回オンライン実践練習会　6,600円／月〜　など		
コンタクト方法・連絡先	ホームページ：新しい扉をひらくコーチング https://putio.co.jp/coach/ LINE公式アカウント　新しい扉をひらくコーチング　@643ehjzz 問い合わせ：https://putio.co.jp/coach/contactus		

ホームページ　　　　　LINE　　　　　問い合わせ

講座とコーチングのセットで、あなたの過去を丁寧に視ます。そして、あなた自身が人生を主体的に歩む力を育みます。

あなたの過去にあなたの人生を輝かせる答えがある！

石黒葉月

▍私がコーチを志した理由

　今でこそコーチとして皆さんの人生に関わらせてもらっている私ですが、20代後半までは、とにかく他人から認められることが人生の最優先事項になっていたので、結果を出せなかった時には、「自分なんて価値がない」と自己否定や自己嫌悪に陥って生きていたのです。そのため、できない自分を知られたくなくて誰かに相談することもできず、中学校の教員時代には学級崩壊をさせてしまった経験もありますし、部活動の顧問として、自分の正しさを主張しすぎるあまり部員が減ってしまったこともありました。

　このような教員時代の苦い経験から私は、「子どもも大人も、誰もがみんな自分の思いを持っているので、相手を尊重しながら、お互いの思いを共有し合うことが大切」だと学びました。

　もう1つの転機は、いつも他人から優秀と思われるように頑張り続けることが当たり前だった教員時代の私に子どもができ、育児休暇でいったん立ち止まる機会をもらえたことです。自分の欲求に対し少しずつ「許可」を出していくことが始まりました。周囲の意向ばかり気にしていた私が、「私はどうしたいのか？」と初めて自分の思いに意識を向けるようになれたのです。

　少しずつ自分と向き合いながら過ごすことができるようになってきた長期の育児休暇中に、第二子の流産を2度経験しました。命ってこんなに育むことが大変で、私自身が生きていられることも、本当に有り難いことなんだと、亡くなった我が子から教わった気がしました。そして「できない自分」を嫌って自分を大切にしてこなかったこれまでの人生が思い出され、ようやく私は、「自分の人生をもっと大切に生きよう！」と心に誓ったのです。そして、今後の人生は自分の経験を活かして誰かの命や人生に直接的に関われる仕事がしたいと願い、教員を退職してコーチを志したのです。

▎コーチになってからの経緯

　起業当初は、私自身が選手や指導者としても19年間バレーボールに打ち込んできた経験と、教員時代にメンタルコーチにチームへ入っていただきチームが強くなった経験から、スポーツメンタルコーチとして活動していました。ただ、やっていくと毎日ずっと子どもの近くにいる大人の関わり方の重要性に気づいてくるようになりました。どんな言葉を浴びて子どもたちが日々生きているのか、それによって子どもたちの気持ちや行動が、良くも悪くも大きく変わっていくことを目の当たりにしました。

　私自身も親になり、指導者や教員という立場も経験してわかることは、大人の私たちも本当に毎日やることが多く余裕のない中で忙しく過ごしているので、時には言葉がきつくなってしまうこともあるということです。子どもにきつく言ってしまい、そこでまた自分を責めてしまう大人にもけっこう出会いました。では、子どもも大人もみんなが幸せになるには、いったいどうしたらいいのかと、そこから試行錯誤が始まりました。得た結論としては、私たち大人が日々どんな意識で生きているのかということです。忙しい中でも自分を大切に生きることで、周りの人にも優しくすることができ、対人関係が変化していくことを感じまし

た。この思いを軸にして、子どもや若い人の人生に影響を与える大人が、まずは自分自身の心と向き合い、自分の人生を良い方向へ深めていけるようにコーチングをさせていただいております。

▌ コーチングで大切にしていること

　私は、コーチングの中で特に2つのことを大切にしています。1つ目は講座とコーチングをセットにして受講いただくことです。クライアントさん自身の中にすべての答えはあるのですが、人には長年持ち合わせている心の癖があります。自分のマインドを良い状態にしていくための考え方や、自己理解や他者理解のコツを心理学や脳科学の観点から講座形式でお伝えしています。知識をもとに自分を俯瞰する力を高めることで、クライアントさん自身が自走していけるようにサポートしています。

　2つ目は、クライアントさんの過去を丁寧に観察していくことです。私たちは過去の経験から培われた価値基準をベースに、自分や世界をジャッジしては苦悩しているのです。そこで、過去を丁寧に見つめることで、クライアントさん自身が自分の中の思い込みやブレーキに気づき、自分に対して強いてきた見方を緩めていけるようにコーチングをします。そうすることで「これまでの当たり前」が変わり、選択や行動が変わっていき、クライアントさんの未来が変わっていきます。過去を嫌いながら未来を良くするために頑張ろうとするのではなく、過去の経験の中で育まれた潜在能力も理解し、これまで精一杯生きてきた自分の人生を受け入れた状態で未来を描いていく。そこからクライアントさん自身の輝きが増していくと信じています。

　自己理解を通し、あなただからこそやるべき使命や役割が必ず見えてきます。あなたにしか歩めない人生を共に創っていきましょう！

■ クライアントさんのご感想や成果

　自分と向き合うきっかけになり、どんな自分も受け入れていけるようになりました（40代男性）。

　将来やってみたいことやなりたいことが漠然とある状態でしたが、過去から今、そして将来へと進みたい方向や歩むステップが明確になりました（30代女性）。

　ありのままの自分を出して良いことに自信を持てて、他人と比較することがなくなりました。潜在意識から潜在能力も言語化することができたので、自分への使命感もより一層強くなりました（30代男性）。

【実績】
・４カ月で県選抜に選ばれた中学男子
・地区予選で負けていたチームが３カ月で県大会出場
・やりたい仕事をするために転職し、コーチとしての活動も開始され、マネタイズされた40代男性
・ビジネスの面で自分のチームをつくり、頑張らずに月７桁を出せた30代男性など、450名以上をサポート

〈プロフィール〉**石黒 葉月**（いしぐろ はづき）

1989年8月2日生まれ。富山県出身。
小学2年生〜16年間バレーボールを経験
（全国大会2度出場）
2012年3月　岐阜聖徳学園大学　教育学部卒業
2012年4月〜2013年1月　臨時的任用教員
2013年2月　カンボジア　ボランティア
2013年4月〜2021年3月　中学校正規教員
部活動顧問　女子バスケットボール部、男子バレーボール部
で4回北信越大会出場
2021年4月〜メンタルコーチとして起業

コーチ歴	2021年4月から	セッション人数	約450人
コーチング時間	――	主なお客様の年齢層・性別	30代〜40代男性・女性
活動拠点	富山県／対面・リモート、どちらも対応可		
資格	MCS-JAPAN メンタルコーチ 日本親子コーチング協会認定コーチ		
主な相談のテーマ	・コーチングを学んだが、どう活かしたらいいのかわからないし自信もない ・やってみたいことはあるが、自分にはできるのかわからなくて動き出せない ・ビジネスを始めたいが、自分にどんな強みがあるのかわからない ・子育てで悩んでいて、子どもに当たってイライラしてしまう ・指導をしていて、子どもにどう関わればいいのか悩む		
コーチング商品および価格（時間・回数）	お客さまの悩みと理想をヒアリングさせていただき、最適な商品をご提案 （まずはご相談ください） 最短：3カ月から		
コンタクト方法・連絡先	Instagram：育成・人の人生に影響を与えたい大人の意識改革｜メンタルコーチ　石黒葉月（@hazuki.happylife） https://www.instagram.com/hazuki.happylife/?hl=ja メール：ishiguro.hazuki@gmail.com		

すべてあなたの中にある♡　悩みの根本解決＆自己実現サポート
こころも身体も元気に思い通り生きて、世界中に笑顔を広げる。

あなたらしい笑顔になる
スマイルコーチング

smile coaching　代表／高野紀子

すべてはあなたの中にある

「あなたはそのままで素晴らしい。こたえはすべてあなたの中にある」

　今のあなたは、自分の中に全部あるなんて信じられないかもしれませんが、そのままで大丈夫です。「自分の中にあるのかもしれないな〜」という軽い気持ちでいいので、心の片隅に置いてください。

　これを前提にすると、悩みの解決や自己実現には《自分を知ること》が一番の近道です。

　けれども、最も身近な存在なのに、自分のことは意外とわからないし、自分を知ることは怖いという人もいます。

　数年前、私自身「何がしたいのか？　どうなりたいのか？」わからなくなり、外側にこたえを求めさまよいました。起業している女性に話を聞いたり、占いに行ったり……。そして1つのセミナーで、恩師となるコーチと出逢いました。コーチングを受け、自分と向き合うことで《私の中にある》ことに気づいていったのです。

　自分を知ることはあなたらしさ（本来の自分）を思い出す幸せなこと。それは同時に、思い通りの人生のはじまりです。

友達に相談しても解決しない理由

　友達に話をしたけれど、悩みが解決しなかった。これはあなたも友達も悪くありません。

　友達は親身になって、自分の体験や本で読んだ方法を話してくれるでしょう。しかしその方法が、あなたに合うとは限りません。一時的に解決しても、悩みの根本を解消しないと、同じようなことが形を変えてやってきます。

　また、「起業したい！」などの相談は、身近な人ほど反対します。人は《いつもと同じが安心》で落ち着くため、周囲の人はあなたが変わることを（無意識に）怖いと感じて反対するのです。

　最適な解決法が見つかり、友達が応援してくれても、最大の難関があります。それは「行動できない・続かない・無理かも……」という弱気な自分の声です。この声に対応するには《客観的視点で、継続的なサポートができる》コーチが適任です。

ママの人生にコーチングがあると……

　コーチングは、オリンピック選手のような特別な人だけのものと思っていませんか？　実際はスポーツに限らず、子育てや仕事など身近な場面で使えます。そのために私は、《いつでも・どこでも・簡単にできる》ことを心がけてお伝えしています。

　ママが日常にコーチングを取り入れたら、世界中に笑顔が広がります。それは誰もが《ママから生まれ》はじめに所属するチームが《家族》だからです。

　毎日ママが心地よく笑顔で過ごし、子どもの才能をどんどん引き出し開花させて、その連鎖が起きたら……と想像してください。
「人生にもコーチがいたらいいな」そんな風に思えてきませんか？

好きなこと最優先！

　好きなこと・やりたいことを我慢したり、できない理由を探してあきらめないでください。好きを優先するのは、わがままではなく、あなた自身を認めて喜ばせること。これで自己肯定感が上がります。

ワーク【0から1歩踏み出す・ベイビーステップ】

　①「無理」「不安でできない」という、あなたを制限する思考や感情に気付いて「そうだよね〜うんうんわかるよ！」とその気持ちを自分で受け入れてあげましょう。

　②「どうしたらできるかな？」と自分に質問をして、できることに意識を向けて、今すぐにできることを1つ見つけます。

　③「できて当然！」と言いながら、②をやってみましょう！

　一歩踏み出す時はエネルギーが必要ですが、がんばるよりもワクワクパワーを使いましょう。やった自分をほめるのも忘れないでくださいね♡

「好きなダンスやゴルフを楽しんでいる時ほど、なぜか仕事も好調です」。これは、営業成績を上げ続けているお客さまの体験談です。

　私はコーチングを受けて、心から笑えるようになり、オーストラリアでスカイダイビングに挑戦し、コーチになり起業しました。楽譜は読めず飽きっぽい性格ですが、自己流でギターを弾けるようにもなりました♪

アラフィフでギター女子に！

本当にほしいのは？

　多くの人は「知識がない・お金がない・時間がない……」と《ないも

の》に意識が向いています。そのため、「資格を取れば・もっと稼げたら・時間があれば……幸せになる」と思っています。

　つまり本当にあなたがほしいのは「幸せ」などの《感情》で、資格やお金はその感情を得るための手段にすぎません。

　先にほしい感情で自分を満たすと、自然と意識が《あるもの》に向くので、得たい結果や物も手に入りやすくなり、できることが増えます。

ワーク【感情先取り・ほしい感情を自分で作ろう！】
《楽しい》の感情がほしいなら「スキップ」や「お尻をフリフリ」。《幸せ》なら「口角アップ（幸せな笑顔）」たったこれだけ！
　感情と結びついた《からだの動き》が、その感情を呼び起こします。

■ あなたらしい思い通りの人生を

　娘として、妻として、母として。家庭で、地域で、職場で。いろいろな役割を持って、一生懸命に誰かのことを思い続けてきた人生。それはとても素晴らしいことで、特別不満があるわけではないけれど……。

　もし今あなたが、なんとなくモヤモヤして「どうしたらいいのかな？」と顔を曇らせているのなら、少しだけ肩の力を抜いて、一緒に本来のあなたを思い出していきましょう。言葉や文章にならなくても大丈夫。全力でサポートします。

　あなたの笑顔が輝き出すと、周りにも変化が起きます。あなたらしい思い通りの人生を歩むきっかけになれたら幸いです。

　最後に…本書の執筆中、人生の３分の１を占める《睡眠》の探求を始めました。よい眠りは、宝くじ高額当選と同等の幸福度が得られるという研究結果があります！　更に、仕事効率アップ・ダイエット・病気予防や改善にもなります。今後の睡眠改善を加えたサポートに、ご期待ください♪　最新情報は、Instagramやホームページでご覧いただけます。

〈プロフィール〉**高野 紀子**（たかの のりこ）

悩みの根本解決＆自己実現をサポート smile coaching（スマイル コーチング）代表
1971年11月30日東京都生まれ。O型。３人弟妹の長女。
世界No.1コーチ アンソニー・ロビンズ氏公認 日本唯一のト
レーナー内藤将貴氏に師事。ニックネームEMMA。
職歴20社以上（介護／アパレル等）。PTA会長経験あり。
シングルマザー（長男は大学を飛び級し、博士課程卒業。
次男はカフェバル開店！兼カメラマン／写真は次男撮影）。
こころと身体の不調をスッキリ改善！睡眠メソッド近日公開。

コーチ歴	2016年から	セッション人数	約120人
コーチング時間	――	主なお客様の年齢層・性別	30代〜40代 女性が８割
活動拠点	オンラインセッション ※東京都西多摩近郊にて対面セッション可能		
資格	ブレイクスルーライフコーチ養成講座修了 サプリメント管理士、ヘルパー２級 オンライン睡眠カウンセラー１級（2024年10月取得予定）		
主な相談のテーマ	・家族・ママ友・職場の人間関係のこと。 ・仕事・家事・子育てで、毎日ストレスを感じる。 ・自分を変えたいけれど、どうしたらいいかわからない。 ・朝スッキリ起きれない。疲れが取れない。生理中のイライラ。		
コーチング商品および価格（時間・回数）	個別相談（体験セッション）　90分×１回メールサポート１週間付 ※相談後、希望される方に、最適な継続コースをご提案します。 価格などの詳細は、ホームページ「個別相談・コースのご案内」 をご覧ください。		
コンタクト方法・連絡先	ホームページ・ブログ＆お問い合わせフォーム http://smilecoaching.jp Instagram プライベート＆最新情報配信 @smilecoaching39		

目標達成やパフォーマンスの向上を図るために、心理的な面をサポートする「メンタルコーチ」おすすめの11人

自分自身のさらなるパフォーマンス向上を目指す人にとって、心理的な安心感は必要不可欠なポイントです。メンタルコーチは、対話を通じ個々人の課題にフォーカスしたサポートを行うことで、メンタル面の健康状態を維持・改善し、より高い目標の実現に貢献します。

愛と喜びと笑顔であふれた人生のために、あなたが"本当に望む"
目標に向かい、楽しみながら行動できるマインドへ変容させます。

一度しかない人生！
今の自分の想像を超える
豊かな未来を手にしてほしい

ほほ笑みメンタル社　代表／橋枝沙斗子

　この本を手にとっていらっしゃる方は、ご自分の何かを変えたいと思っているのではと思います。せっかくコーチングを受けるなら、今の自分が想像できる未来ではなく、それをはるかに超えた、今まで想像もしなかったほどの豊かな未来を手に入れてみませんか？

　豊かさの定義は人それぞれ、欲しいものは違います。お金、仕事、人間関係、時間、娯楽。幸せの定義もそれぞれなので、その人が望む愛と喜びと笑顔に満ちあふれる毎日を誰でも手に入れることができます。

　私はこのコーチングに出会う前、それまでの自分は十分幸せで豊かだと思っていましたし、未来の夢もありました。ですが、まさか自分がこんなにスゴイ自分の想像を超える未来の目標を描けるようになるとは思いもしませんでした！　以前の私だったら考えられない売上目標の達成とライフスタイルを実現できています。

　ライフディレクション®という手法で完全にコンフォートゾーンを脱出して目標設定をし、潜在意識（無意識）に問いかけてマインドブロッ

クとなっている価値観を特定して書き換えるフロイトコーチング®を使うと、過去の自分ではどう考えても無理だろうと思っていた目標設定が現実的に感じられるようになり、実際の行動を繰り返すうちに、成功できるイメージが持てるようになります。たとえていうと、自分自身のOSがバージョンアップしていくような感じで、前の自分とは思考も行動もスペックが変わりました。

▌行動できない理由を無くすと、生きるのが楽になる

「そんなにストレッチしたゴールに向かって行動を続けていくのは大変そう！」と思われるかもしれません。ですが、安心してください。無理して頑張っている状態、つまり、自制心を使う行動は結果に繋がりにくいため、決して無理はさせません。

　行動できないときにはその理由となる課題を見つけ、フロイトコーチング®で行動を妨げていた価値観を書き換えるので、行動の継続が容易になり、何より嬉しいのが、やっていて楽しいんです！　行動したくてしょうがなくなるので、行動が持続して、結果に繋がります。

　目の前の課題を達成するために価値観の書き換えを行うのですが、マインドが変わると他の事柄に関しても自制心やストレスを感じることなく行動できるようになるので、副産物として、どんどん楽に生きられるようになります。

　再現性のある手法ですので、この方法をご自身で行なえるようになると、目の前にどんな課題が現れても、マインドを変化させて対応できるようになるため、先延ばしにしたり、パフォーマンスを下げたり、心が折れてやめてしまうことが無くなります。

　このコーチングをうけていただくと、生涯にわたって役立つスキルが身につくといっても過言ではありません。

潜在意識の感情に働きかけるコーチング

　私はアウトドアスポーツで大怪我をした後にヨガや瞑想に出会い、身体の動きを使って心を変化させることで、仕事や人間関係など、人生すべてによい影響があることを実感しました。

　その後、職場でのストレスによるメンタル不調の経験から、さらに強力にメンタルを調える方法として、表情筋を使う笑うエクササイズ＋呼吸法のラフターヨガ、意味がない言葉をしゃべり感情表現をするジブリッシュなどを使って、潜在意識に働きかける感情解放の手法を学び、教えてきました。

　一方、以前の私はコーチングの効果をあまり実感できませんでした。それは顕在意識を扱うものだったので、頭で理解をして一時的に行動が変わるものの、本当の意味での変容は起きなかったからです。

　ですが、フロイトコーチング®に出会って、この手法とワークで潜在意識の奥にあるブロックを外し、課題解決に適した新しい価値観に入れ替えることで、大きな飛躍が起こることを実感しました。

　実際、ものすごいスピード感で変化するので、起業して数年後と考えていたサーフィン中心の二拠点生活への移行が、すぐに実現してしまいました。これは潜在意識の中の不安や変化を恐れる不必要なバイアスが無くなっていたこと、望む人生の価値観が明確なのですぐに行動したくなったことによって、チャンス到来に二つ返事でGOを出せたからです。

　私は47歳の時に副業を始め、53歳で独立したのですが、ホワイト企業に勤めていると、脱サラ独立に自分でGOを出すのはなかなか勇気がい

ります。40代後半から50代になると転職も難しいですし、仕事内容や待遇に満足できなくても勤め続ける人がほとんどですよね。ですが、定年までの時間がもったいないなあと思います。人生100年時代、社会の中ではまだ若手、今日が一番若い日です！　今までの人生経験を活かして副業・起業するのもひとつの生き方ですし、どう生きるにせよ、まずは、コーチングで本当に自分が望む人生を明確にしておくことはお金に換算できないほどの価値があることだと思います。

人生が愛で満たされていく

目の前の課題の解決を目的としてコーチングを行うと、もう一つ副産物があります。

コーチング過程のワークで過去の感情を解放して生まれた心のスペースに、受け取りそびれていた愛を満たした結果、パートナーやご家族にその愛が注ぎ込まれ、人間関係がよい方向へ変化します。「両親が生きている間に愛に気づき、それを伝えることができて本当によかった」と言っていただくと、毎回、感動します。

困難な状況でもほほ笑む余裕があり、失敗した自分も受容してニッコリ、他人を許してニッコリ。そんな慈悲・慈愛の心をほほ笑みメンタル®と呼んでいます。出来事そのものは変えられなくても、メンタルを変えると見える世界が変わり、行動と結果が変わります。

潜在意識の中にある未処理の感情や不要な価値観を手放し、自分とご家族を愛で満たし、本当に望む人生への追い風となる、ほほ笑みメンタル®コーチング。興味を持っていただいた方はお気軽にご連絡ください。

あなたにお会いできるのを心より楽しみ にしています♪
ご縁に感謝します。

〈プロフィール〉 **橋枝 沙斗子**（はしえだ さとこ）

早稲田大学商学部卒。大手外資企業にて28年勤務する傍ら、20年にわたるヨガと瞑想の経験を活かし、副業で身体や表情筋の動きで自己肯定感や感情をマネジメントする講師として2017年に起業。現在は日本プロコーチ協会認定、ほほ笑みメンタル®コーチとして独立。仕事、子育て、離婚などの豊富な人生経験、職場のストレスによるメンタル不調からカウンセラー資格を保有したことにより、優しく包みこむようなコーチングに定評がある。ミッションは自他の抜苦与楽。

コーチ歴	2021年から	セッション人数	約250人
コーチング時間	約1,000時間	主なお客様の年齢層・性別	30代〜50代 男性・女性
活動拠点	神奈川県鎌倉市／鹿児島県種子島／リモート		
資格	EAPメンタル・ヘルス・カウンセラー アドラー流メンタルトレーナー グリーフケア心理カウンセラー ラフターヨガ・インターナショナル認定ティーチャー ジブリッシュ・プロフェッショナルズ認定インストラクター ウェルビーイング・ダイアログ・カード・ファシリテーター 全米ヨガアライアンス200時間取得		
主な相談のテーマ	ライフ・コーチング（人生、パートナーシップ、自己肯定感） ビジネス・コーチング（起業・副業、目標達成、キャリア）		
コーチング商品および価格（時間・回数）	1時間　3万円		
コンタクト方法・連絡先	ホームページ：https://hohoemi-mental.com/ メール：satoko@hohoemi-mental.com 公式LINE：508kzmgb（ほほ笑みメンタル）　LINE		

「笑顔が溢れる人を増やすこと」をミッションに、あなたが自己実現できるように最強プラス思考できめ細かくサポートします。

最高の自分を発揮できるように、 きめ細かくサポートします

カウンセリングルーム ドルチェ　代表／北島亨博

■ スーパーブレイントレーニングとの出合い

　私が教員になった理由の1つに、落ちこぼれてしまう生徒をなんとか救いたいという思いがありました。そのため約20年ほど自分でいろいろと試行錯誤しながら、自信を育む独自のノウハウを積み上げてきたのですが、ある時、生徒から「先生に教えてもらったことがこの本※に載っているよ」と言われショックを受けました。そこで初めて知ったのがスーパーブレイントレーニング（以下SBT）という能力開発のメソッドだったのです。それまでは、資格もなく、自己流で生徒が自信を持てるようにする考え方と手法を教えてきたのですが、その機会にSBTの講座を受けて資格を取ることにしました。SBTを学んだところ、大脳生理学と心理学に基づき考案、確立した"成功のためのプログラム"であることを知り、生徒に教えてきた内容が間違っていなかったということを再確認できたのは良かったです。

　そのSBTというのは、わかりやすく言えばメンタルトレーニングとブレイントレーニングの2つを掛け合わせたようなものです。つまり、普通のメンタルトレーニングは、今持っている能力を100%発揮できるようにするためのものですが、一方でブレイントレーニングは、脳には未だに使われていない領域が多いので、その潜在的な保有能力を200%、

300％と広げていくというものです。この２つをうまく機能させ、相乗効果を発揮できるトレーニングとして開発されたメソッドがSBTです。双方の利点を兼ね備えたSBTだと、自分の常識の枠を超えたところまで自身を持っていくことができます。

毎日やることが大事

　では、私がSBTを活用したメンタルコーチとして具体的に何をしているのかと言いますと、大きく分けて３つあります。①まずは脳科学的な講義です。ここでは脳の仕組みやコントロール方法を解説します。緊張状態やネガティブな感情にとらわれている時の脳の状態などを理解してもらうためです。②次に脳の仕組みを利用した簡単なワークです。例えば、自己肯定感を高めるものとして、今日一日の中で感謝することを思い出して書いてもらうワークがあります。その言葉をSNSを使って365日毎日送ってもらい、私も毎日コメントをフィードバックするということをずっと続けています。③最後がイメージづくりです。これは集中力を高めていったり、すでに夢を成し遂げているセルフイメージを描くためのトレーニングで、イメージ力が驚異的にアップするシナリオとBGMを聴いてもらいます。「エンジョイ・ベースボール」のモットーで全国優勝した慶應義塾高校の野球部が、グラウンドでこれを行っている風景がニュースで紹介されたこともありました。このトレーニングも、ただ聴いてくださいというだけでは長続きしませんので、毎日フォローできる体制を組んでいます。なぜ毎日やることが大事なのか。それは「習慣化」のためなんです。習慣化こそが夢実現の鍵になるのです。そして、毎日これほどきめ細かくサポートしているメンタルコーチは他にあまりいないので、これが私の一番の強みかもしれません。

笑顔の人を増やしたい

　先ほど出た「自己肯定感」ですが、これは夢を叶えるうえでとっても

大事なキーワードです。子どもの頃は、「大きくなったらサッカー選手になりたい」といった夢を周囲の人にも話したりしますが、成長するにつれ現実に直面すると、夢は萎んでいってしまうんですね。自分で勝手にできない自分をつくり上げてしまうんです。高校の現役教師として日々生徒たちに接していると、「自分にはできない」「やってもムダ」「どうせ無理に決まっている」といったイメージを抱えている子もけっこういます。

　そもそも「自己肯定感」とは、ありのままの自分を肯定することなので、できている自分もOK！　できていない自分もまたOK！ということなんです。ですからまずは、今の自分をそのまま肯定するところからスタートします。そのうえで、どんな小さなことでもいいので、何かワクワクすることを見つけてもらえるようにコーチングします。自分の目指すものが見つかったら、あとは私がさりげなくサポートしながら、次第に自信が生まれるよう少しずつメンタル強化を図っていきます。人間ならば誰でも落ち込むことはありますが、コツコツとトレーニングを続けて自己肯定感が根っこに育ってきた生徒は、試験や試合でミスをしても思考の切り替えが早く、成功しています。

　私はメンタルコーチとして、受験生やアスリート、経営者など多くの方の人生に関わっており、掲げているミッションは「笑顔が溢れる人を増やすこと」です。これは、本人が夢や目標の実現をして笑顔が溢れるという意味合いももちろんありますが、私の経験上、どの分野でも成功者は自分のことだけではなく、「誰かの役に立ちたい」という使命感を強く持っています。この使命感があると、本人の能力以上のパフォーマンスを発揮できるのです。私は個人的な成功体験の先に、ぜひ社会貢献できる人になっていってもらいたいと思っています。誰かのために最高の自分を発揮できる人が、さらに笑顔が溢れる人を増やしていくと信じています。　　　　※『ビジネスNo.1理論』西田一見著、西田文郎監修／現代書林

〈プロフィール〉**北島 亨博**（きたじま としひろ）

1967年3月16日生まれ
神奈川県横浜市出身
公立学校教員　2年
私立学校教員　32年
JADA協会認定　SBT 1級メンタルコーチ　4年

コーチ歴	2019年から	セッション人数	守秘義務につき回答できません
コーチング時間	1人当たり10時間／1カ月	主なお客様の年齢層・性別	20代～50代男性・女性
活動拠点	神奈川・東京／対面・リモート、どちらも対応可		
資格	JADA協会認定SBT 1級メンタルコーチ 色彩心理メンタルトレーナー 自己肯定感カウンセラー＆コーチ 自己肯定感ノートインストラクター ヒプノセラピスト 予祝講師		
主な相談のテーマ	・自己肯定感を上げたい ・自信をつけたい ・本番で実力を出したい ・メンタルを強くしたい ・自己実現をサポートしてもらいたい		
コーチング商品および価格（時間・回数）	ホームページ参照		
コンタクト方法・連絡先	ホームページ：https://dolce-counseling-room.com/ メール：mental.coach.toshi@gmail.com		

主役はあなた！　私は、目標達成をサポートする「応援ナビゲーター」です。真の理解者・応援者として、あなたに寄り添います。

『なりたい自分』へ加速する
問いかけコーチング

ネクストコーチングスクール主宰、コーチ育成コンサルタント
株式会社Vision Navigation　代表取締役／一条佳代

コーチングとの出合いやきっかけ

　西舞鶴高等学校卒業後、オムロン株式会社に10年勤務。結婚・出産を機に退職し、10年間、専業主婦として子育て中心に生活していました。

　会社勤めをしていた頃も、専業主婦をしていた頃も、周りの人の悩みのほとんどが人間関係のもつれが原因でした。

　そして私自身も、当時10歳の娘が学校でいじめを受けて泣いて帰ってきた時と、相談に乗ってくれていたママ友達が病気で亡くなったことが重なって、自分自身と向き合いました。

　どんな言葉をかけていいかわからず、問題や課題から逃げていた自分に気づいた時、大切な人を守りたい、そのために強くなりたいと思ったことから心理学に興味を持つようになりました。

　人口約３万人の京都府綾部市で、コーチングという言葉が浸透していなかった2011年、友達のセッションのモニターになったことがきっかけで、色彩心理学を学び、通信教育でカウンセラーの資格も取得し、100人モニターセッションを始めました。

　話を聴かせていただくことで、執着に気づけたり、本当の自分に出会えたり、感情と思考が整うと現実が変化することをクライアントさんが

見せてくれました。

　嬉しい報告を聴かせていただくたびに私自身もっともっと成長したいと思うようになりました。

　そんな中、人の才能を引き出し、理想の未来に向けて行動を促す『コーチング』に出合い、2016年、京都から毎月東京に通い、心の仕組み、整え方、コーチング術を学びました。

　初回のコーチングで立てた目標の月収100万円、東京に拠点を移すという夢を2020年に実現し、2022年には、三笠書房より『「なりたい自分」へ加速する問いかけコーチング〜潜在意識に働きかける最短の方法〜』を出版することができました。

人気コーチ養成講座の目的

　たった一人でも「この人の笑顔が見たい」。

　そう思った時点で、その人にとってのコーチになれると私は思っています。

　会社経営者、スポーツ選手にとって、メンタルコーチの存在は必要とされつつありますが、一般的にはコーチの印象は、馴染みが薄いのが現状です。

　声をかけてくれるパン屋のおばちゃん、物知りの近所のおっちゃん、安心させてくれる保健室の先生など、かつてのメンタルコーチは身近にいる人たちでした。

　AIがどんどん進化していく中で、生活形態も変化し、人とつながることも簡単にでき、情報も自動的に入手できるなど、随分便利になりました。

　しかし、その中でありのままの自分をさらけ出し、本音を言える人っているのでしょうか。

　株式会社VisionNavigationでは『すべての人が夢を持ち、夢を生き、夢を応援する社会にする』の理念のもと、安心して何でも話せる人のこ

とを『人気コーチ』と称し、ネクストコーチングスクールを2020年12月に開講いたしました。

　一人１コーチを実現することをミッションとし、次の３点に対して重点的に取り組んでいます。
・共感・体感・感動を与えるコーチの育成
・相手の本音を引き出す質問力を習慣化
・経験と知識を生かしたオリジナルプログラムの作成

　それによって、受講生の「なりたい自分」や「自分らしい人生」をサポートしながら、すべての人が夢を自由に描き持ち、夢を楽しく生き、誰かの夢を応援する社会の実現を目指しています。

一人１コーチを実現するために

『人気コーチ養成講座』は、独自のコーチングメソッドの習得と、お客さまを魅了し成功に導く独自のコーチングメニューの構築によって、高単価・長期継続の人気コーチを目指す６カ月間のプログラムです。

　心理学とコーチングスキルの動画受講、ワークに取り組んでいただき、勉強会を週に１回開催するなど、すべてオンラインで学べる仕組みです。

　進捗が気になる方には、疑問や質問もすぐに解決できるよう、ラインで問い合わせいただけるのと、週に一度、20分コーチングも受けていただけます（最初の３カ月のみ。以降は月一実施）。

　小さなお子さまがいらっしゃる育児休暇中のママさんから、21歳の大学生、サラリーマン、離婚相談専門の行政書士、学習塾の経営者、建築会社の社長まで、男女・年齢問わず、幅広い層の方に受講いただいています。

『人気コーチ養成講座』が選ばれる理由としては、以下の３つがあります。

理由１　経験をもとにお客さまを成功に導く独自のメソッド

心理学をベースにした「クライアントの本音を引き出す技術」とあなた独自の経験に基づく「オリジナルのコーチングメニューの作成」によって、あなたの経験をもとにお客さまを成功に導くことができます。

理由２　経験豊富な人気コーチが直接サポート

コーチングスキルの習得からコーチングメニューの作成まで、一気通貫で直接サポートします。

理由３　安心の保証制度

３人のクライアントを獲得できるまで徹底的にサポートします。

　誰もが、誰かを喜ばせられる人であること。その理由は、あなたの強みと好きなことは、苦手としている誰かにとって求められていることだからです。

　これまでの経験があったからこそ、同じようなことで悩んでいる誰かの役に立てるということを忘れないでいただきたいのです。あなたも、必要とされる『人気コーチ』になってみませんか。

〈プロフィール〉**一条 佳代**（いちじょう かよ）

メンタルコーチ、コーチ育成コンサルタント。
株式会社Vision Navigation代表取締役。
ネクストコーチングスクール主宰。
京都府舞鶴市出身。
高校卒業後、オムロン株式会社に10年勤務。結婚・出産を機に退職。専業主婦として子育てをする中で、カラーセラピーに出合い資格を取得。カラーセラピストとしての活動を進める中で、人が持つ才能を引き出し、行動を促すコーチングに可能性を感じ、心の仕組み、在り方、コーチング術を徹底的に学ぶ。『すべての人が夢を持ち、夢を生き、夢を応援する社会にする』を理念とし、セミナー、個人セッションなどを開催。積水ハウス、住友生命、資生堂、京都損害保険代理業協会、倫理法人会などで研修・講演を行うなど、企業からの依頼も後を絶たない。コーチングセッションはパワフルで、「元気が出る、一歩を踏み出す勇気がもらえる、人生が変わる」と人気を博す。著書に『「なりたい自分」へ加速する問いかけコーチング〜潜在意識に働きかける最短の方法〜』（三笠書房）がある。

コーチ歴	2016年から	セッション人数	約5,000人
コーチング時間	1回90分	主なお客様の年齢層・性別	30代〜40代 男性・女性
活動拠点	東京都港区／対面・リモート、どちらも対応可 月に一度、麻布オフィス『潜在意識Onedayセミナー』開催		
資格	——		
主な相談のテーマ	・人間関係 ・潜在意識の活用（思考の癖、行動の癖の見直し） ・プロコーチの在り方とやり方		
コーチング商品および価格（時間・回数）	①潜在意識Onedayセミナー（4時間22,000円　毎月第二土曜日開催） ②パーソナルコーチングセッション（90分55,000円〜110,000円） ③「人気コーチ養成講座」6カ月プログラム（価格については無料相談時にお伝えします）		
コンタクト方法・連絡先	ホームページ：https://visionnavigation.co.jp/ 人気コーチ養成講座LP：https://visionnavigation.co.jp/lp/ ホームページ　　　人気コーチ養成講座LP　　メール：info@ichijokayo.com		

あなたを尊敬・尊重し、あなたが自己理解を深めることができるように丁寧なフィードバックをモットーとしています。

日々の暮らしの中で感じる
幸せを増やしたい
メンタルコーチは人生を切り拓くための
最強のサポーターです

株式会社ヒトスパイス　代表取締役／野本知里

■軸はモチベーションを高めること

　一般的にコーチは目上、クライアントは目下と捉えがちですが、私がコーチを務める「メンタルコーチング」では、コーチとクライアントさん（コーチングを受ける方）は対等なパートナーです。実際、私はクライアントさんから「何でも話せる親友みたい」とおっしゃっていただけることが多いですし、自分でも「よく話を聞いてくれる近所のお姉さん」でありたいと心がけています。

　私はできるだけたくさんの方の人生の幸せを実現するコーチを目指して、「メンタルコーチング」以外の分野でも活動しています。そのさまざまな活動の中で、私が得意としていて軸となっているのが「やりたいこと、成し遂げたいことに本気で挑むモチベーションを高めること」です。

■メンタルコーチングは未来志向

　メンタルコーチングの対象は多岐にわたります。例えば「エグゼクティブコーチング」は「エグゼクティブ」（経営者や役員クラス）を対象とするコーチングのことですが、もし、そのクライアントさんのメンタル

をサポートするのであれば、それはメンタルコーチングでもあります。

　また、メンタルコーチングのキーワードの１つに「未来志向」があります。これはカウンセリングとの違いでもあり、カウンセリングがクライアントさんの過去を掘り下げて心の痛みに寄り添うのに対して、メンタルコーチングは過去をあまり扱いません。

　私がメンタルコーチとして活動する場合、クライアントさんは30代〜40代の女性、特に会社で重要なポジションに就いている役職者の方が多い傾向にあります。ただ、それはあくまでも傾向で、本当にいろいろな方に出会い、サポートさせていただいています。

　１つの例をお話ししましょう。ある主婦の方に、人生が劇的に変わったメンタルコーチングを提供したことです。

　その方との出会いは私が講師を務めさせていただいた講演会でした。彼女は出産を機に会社を辞めて専業主婦になったそうです。ただ、ずっと社会に対して自分の能力を発揮しないままで生きていくことに疑問を感じていました。それで、私の講演を聞いて「このままでは良くない」という気持ちが膨らみ、講演後に私に声をかけてくださいました。その後、メンタルコーチングを受けていただき、今、彼女は服飾系の一般社団法人を立ち上げてアクティブに活動しています。

　メンタルコーチングはコーチとクライアントさんの相性がとても大切です。したがって、出会ってすぐに契約するのではなく、まず１対１でお話しさせていただきます。これは実際に対面することもあれば、オンラインでの時もあります。そして、その方がメンタルコーチングを希望したら、費用やサービスの提供方法などをご説明したうえで契約を結びます。

　契約を結んだ後、最初に行うのはヒアリングです。「これをやりたい」「こうなりたい」という想いは漠然としていることが多く、対話によって、その想いの核心に迫っていく……。想いの核心を言語化すると一気にモチベーションが高くなります。ここが大きなポイントで、私は

このヒアリングを丁寧に行います。

　クライアントさんは、コーチに話すことによって頭の中が整理されていくのと同時に、コーチからの問いによって、クライアントさん自身の本当の想いに気づいていくのです。

　これが個人の方を対象としたメンタルコーチングの一般的な流れで、１時間のセッションを全10回行います。

　費用については、個人の方へのメンタルコーチングは、１クール10回で20万円（税別）です。これは契約を結んでからの話で、契約するまでの相談は０円です。そうお伝えすると「相談は無料？」と驚く方もいらっしゃいますが、私にとっては皆さんの悩みの内容を伺えることは財産ですし、むしろ「お話しいただいてありがとう」という気持ちです。

┃ １個だった幸せを100個の幸せに

　おかげさまで多くのクライアントさんから、「メンタルコーチングで、なりたい自分に近づきました」という感想をいただいています。それに気持ちが前向きになれば、不思議と人間関係も明るい未来に向かうもので、「素敵なパートナーに出会うことができました」というお声もありました。

　最初に「たくさんの方の人生を幸せにするコーチを目指して」とお話ししましたが、私は、**何気ない毎日に**「幸せだなぁ」と感じる瞬間が多いことが「幸せな人生」だと思っています。

　こんなに素敵な場所に来られて嬉しい……。

　こんなに美味しい食事をいただけるなんて……。

　その人が今感じる幸せが１個だったとして、それが100個になったら、どんなに素敵でしょうか。

　できるだけ多くの方にたくさんの幸せを実感していただきたい。それをサポートするのがメンタルコーチの使命ですので、これからも「人生を切り拓くための最強のサポーター」でありたいと私は思います。

〈プロフィール〉**野本 知里**（のもと ちさと）

1978年4月5日、福岡県北九州市生まれ。
ビールメーカーでワイン洋酒の営業職を経験後、300人規模のアパレル系企業に転職。貿易通訳・社長秘書を経て取締役へ就任し、No.2としてマネジメントと経営に従事。その後、オンライン英会話を展開する企業で法人事業部長として働きながらコーチングの資格を取得。2013年に株式会社ヒトスパイスを設立。ビジネスコーチとして、企業研修やビジネスパーソン向けコーチングを提供。

コーチ歴	2013年から	セッション人数	約1,000人
コーチング時間	約5,700時間	主なお客様の年齢層・性別	20代〜50代 男性・女性
活動拠点	東京都中央区銀座／対面・リモート、どちらも対応可		
資格	ICF（国際コーチング連盟）PCC 銀座コーチングスクール　プロフェッショナルコーチ		
主な相談のテーマ	・フリーランス起業の準備サポート（プロコーチ、研修講師） ・やる気が持続しない、モチベーションが維持できない（メンタルコンディショニング） ・周りに振り回される自分を変えたい（自分軸発見コーチング）		
コーチング商品および価格（時間・回数）	・メンタルコーチング　20,000円／時間　（1クール10回）合計200,000円（税別）		
コンタクト方法・連絡先	ホームページ：https://www.hitospice.com/ メール：nomoto@hitospice.com 問い合わせ：https://www.hitospice.com/contact/		

安心して対話ができ、心身が整い自らの力で一歩踏み出せるように
気づきと自発的な行動を促すコーチングをモットーにしています。

あなたはまだ
輝ける可能性を秘めている

WINGIFTスポーツメンタルコーチ　代表／高橋基成

スポーツにおけるコーチングの可能性

　私はスポーツ選手のためのメンタルコーチとして、選手が望む結果を
達成するためにパフォーマンス向上や心の状態を整えるサポートをして
います。目の前の状況をどう受け止めればいいのか。目標に対してどの
ような選択や決断をしていくとよいのか。選手が抱える悩みや課題が少
しずつ解消・軽減されていくことで、気持ちに変化が生まれ、本来のパ
フォーマンスを取り戻し、新たな成果や結果を手にしていく姿を幾度も
目にしてきました。

　普段は選手個人へのコーチングセッションや、チームに所属する選手
たちに向けてメンタルセミナーなどを開催しています。今まで野球やサ
ッカー、フットサル、卓球、トランポリンなど26種目以上の競技選手を
サポートしてきました。その対象は小学校高学年以上のジュニア世代か
ら社会人まで、競技レベルも初心者から世界で活躍する日本代表選手ま
でと幅広くサポートさせてもらっています。競技特性や年代、レベルを
問わず、すべての選手に効果的なアプローチができるのが最大の特長で
もあります。相談内容は競技に限ったことではなく、私生活や人間関
係、進路、キャリアアップなどさまざまです。どの相談にも新たな道筋

を選手と共に見つけていくことができます。

コーチングが生み出す心の成長

　競技を突き詰めていくと「メンタル」の重要性を感じている選手や指導者も少なくありません。どの競技においても「メンタルのスポーツ」と表現されているのがとても印象的です。

　しかし、メンタルへの専門的なアプローチをしている選手やチームは、実際まだ多くはないと感じています。

　メンタルコーチングを取り入れた選手の変化・結果をご紹介します。

　A選手は当初なかなか競技に集中しにくい環境の中で練習をしていて、その影響を受けて気持ちの振れ幅も大きく、自分自身に自信が持てなくなっていく状態の中で、メンタルコーチングを取り入れてくれました。

　メンタルコーチングを通じて、選手がまず自分自身を大事にしていくことや、今できることに意識を向けていくことに気づき行動し続けた結果、3年目には準国際大会で上位入賞、日本代表も目指せるレベルにまで急成長を遂げました。今では新たな境地を探し求め、自らの意思で環境も指導者も変え、日本トップレベルの選手にも引けを取らないスキルレベルにまで成長し、さらなる高みを目指し進化し続けています。

　A選手からは大学を卒業する時に、次のようなメッセージをいただきました。

「ずっと私のメンタルを支え続けてくれて、本番に強い自分へと育ててくれて、本当にありがとうございました。部活も自分もずっと好きではなかった時、人間関係やスランプでたくさん悩み、苦しかった思い出も本当にたくさんありました。ただ、ずっとこの競技が大好きだという想いだけを胸に、暗いトンネルを進み続けました。その暗いトンネルを一

緒に進んでくださったのが高橋コーチです。自分の誇れる演技ができる
ようになるための道は本当に長かったです。高橋コーチがいなければ、
今の私は存在しません。心から感謝しています。」

　もちろん、ここまでの大きな心の変化や成長のきっかけは、メンタル
へのアプローチだけで得られたわけではありません。しかし、スキルア
ップやフィジカル強化への取り組みなど、他の重要な要因に対して相乗
効果を生んでいったことは間違いありません。

挑戦し続けているからこそ、その心は揺れ動く

　人は誰でも心が揺れ動くことがあります。新たな挑戦を続けていれば
さまざまな状況に直面し、弱気になってしまう瞬間や慌ててしまうこと
もあるでしょう。しかし、目の前の状況を受け止めて、どのような思
考・感覚を持って柔軟に適応し、パフォーマンスを発揮していくか。そ
れをできる人が本当の意味で「心が強い」と言われる選手のような気が
しています。

　私自身、高校野球の指導で行き詰まった時に、新しいアプローチを求
めてコーチングを学びました。自分自身もコーチングを体験すること
で、さまざまな気づきと変化が生まれてきました。初めは葛藤の中で自
分を傷つけることもありましたが。自分が心から大切にしたいことや人
生の目的に気づけた時、周りへの関わり方、自分自身がどうあるかな
ど、内面で大きな変化と柔軟性が生まれたことに驚いたことを今でも鮮
明に覚えています。それだけでなく、自分のやってきたことに対しても
「これでよかったんだ」と自分を信じ、認められるようになりました。

自分の新たな可能性を見つけるチャンス

　特に、若い選手が早々に自分の可能性に見切りをつけたり、蓋をして

しまったりすることはもったいないように思います。行き詰まった時、メンタルコーチと話してみることでその可能性に気づき、もう少し挑戦してみようと勇気が湧いてくるかもしれません。

　改めて、共に一歩を踏み出してみませんか？　もし興味があれば、気軽にご相談ください。

〈プロフィール〉**高橋 基成**（たかはし もとなり）

1979年10月29日、新潟県見附市生まれ。
都内信用金庫に勤務後、埼玉県・東京都の特別支援学校・ろう学校教員として14年間勤務した。2017年スポーツメンタルコーチとして独立。
著書：『誰よりも選手の可能性を信じている』（2022年12月 Book Trip）
一般社団法人フィールド・フロー代表　柘植陽一郎氏よりスポーツメンタルコーチングを学び、2017年4月に独立。手話の使える日本唯一のプロメンタルコーチとして、デフアスリート（聴覚障害のある選手）のメンタルサポートもしている。2023年デフフットサルW杯では女子代表チームに帯同し、史上初優勝に貢献した。

コーチ歴	2017年から	セッション人数	約250人
コーチング時間	約1,200時間	主なお客様の年齢層・性別	10代〜30代 男性・女性
活動拠点	東京都・関東近県／対面・リモート、どちらも対応可 ・オンラインセッションでは、全国で活動する選手にも対応		
資格	一般社団法人フィールド・フロー認定スポーツメンタルコーチ 全米NLP協会マスタープラクティショナー		
主な相談のテーマ	・本番で自分の積み上げてきた力を発揮するには ・モチベーションはどうすれば上げられるか ・気持ちの波が激しいので安定させたい ・壁にぶち当たった時にどう向き合えばいいか　　など		
コーチング商品および価格（時間・回数）	①（選手向け）パーソナルメンタルコーチング ・初回相談　無料 ・体験（初回・60分）￥3,500＋税 ・月1回コース（1回90分、3ヶ月以上）月額￥8,500＋税 ・月2回コース（1回90分、3ヶ月以上）月額￥13,000＋税 ・年間契約（選手の希望に合わせ条件を調整）年間￥200,000＋税 ②（チーム向け）年間メンタルセミナーサポートプログラム ・年6回コース（各回120分程度）￥120,000＋税 ・年12回コース（各回120分程度）￥240,000＋税 ③（指導者向け）スポーツメンタルコーチング基礎＆実践講座 ・オンラインで全8回（各120分程度）￥160,000＋税		
コンタクト方法・連絡先	ホームページ：https://wingift.jp メール：dream.top.of.the.world.2016@gmail.com Facebook：https://www.facebook.com/motonari.takahashi.1029		

私は、あなたの過去・現在の経験に光を当て、「今」が輝き、あなたが望む未来に向かって心強く後押しできる伴走者でありたい。

「思い切って挑戦したいけれどできない」「自分の人生を変えたい」「もっと成長したい」などの課題に対して、本当に望む目的を見出し、人生で幸せに結果を出す力を身につけます

悠心道場　代表／矢野伊俊

15歳で経験した人生の転機

　小・中の９年間勉強もせず、習いごとも一切続かず、遊びまくっていた私は、高校受験まで偏差値も低く、不良じみた悪いこともしながら、中学生活を送っていました。当時母はある高校の教員をしていて、私もその高校が偏差値的にも合っていたのですが、母のいる高校には行きたくない思いがあり、無理して１つ上の高校を受験し、当然のごとく失敗しました。私立には合格していましたが、私立には行かせないという親の方針で中学浪人をすることとなりました。勉強に関しては全く自信がなく、浪人しても１年後に合格する可能性は当時の私には１％も感じられませんでした。

　結局、結果はどうだったかと言うと、１年後には地元でトップの進学校を受験できるほど成績が上がりました。なぜ、底辺にも近い偏差値だった私が、たった１年で驚異的な変化を生み出したのか。それは１人の先生との出会いによって、変化することができたのです。

その先生から、単なる勉強の仕方・問題の解き方だけではなく、「勉強をする意味」や「心構え」「先の人生をイメージすること」などを教わりました。

この時の経験から、人の成長に興味を持ち、社会人になってからも「目標の持ち方」や「達成するための考え方」「思い込みを外し自分らしく結果を出す方法」などを学んできました。

改めて自己紹介をさせていただくと、私の仕事は、「Kuro-Obiメンタルコーチ」です。そして日本空手道　悠心道場の代表でもあります。主にスポーツ選手やジュニア選手の保護者、また経営者の方や起業したいと思っている方などに向けて、「やる気」「集中力」「継続力」に加え、「自分の強みで結果を出すやり方」「自然に湧き上がるモチベーション」「ワクワクする人生ビジョン」などを、伝えさせていただいています。

空手指導にもコーチングを導入し、悠心道場からも毎年全国大会に出場する選手も多くなり、全国大会優勝者も２名送り出すことができました。また最近ではスポーツの世界だけではなく、社会人の方々で受講する方も増えてきており、ご自分の未来を切り開いていこうとする、たくさんの方々とも関われる機会をいただいています。

▌「何のために？」目標より目的設定

空手の試合においての一般的な考えは、結果としての強さが「善」であるという考えが多くあります。選手はより大きな大会で入賞を目指し結果を出し、指導者も「強さ」「結果」という基準で生徒を指導することが多いように思われます。

悠心道場では、目標としている試合の結果から学び、その学びを稽古や人生に活かすことが大切と考えて指導しています。人生においても「何のために挑戦するのか」「自分が何を望んでいるのか」「どんな未来を描いているのか」を大切にして物ごとを選択していくことが大事なのです。

　単に結果を出しても、それが自分の本当の幸せにつながるとは限らないのです。

　大事なことは、自分がどういう未来を描き、どういう人生を送りたいのかという「自分軸」を育て、それを基準にすることです。心から望む自分の軸を基準にして生きるからこそ、全力で真剣に楽しんで生きることができるし、だからこそ結果が出るというものです。

武道とコーチングは相性抜群

　コーチングを学んで15年になりますが、武道と共通する点や双方に役立つ点が多々あることに気づきます。コーチングでは「自分を知り認める」、また「相手を知り認める」ことをベースにし「自分への問いかけ」からさまざまな発見や気づきを促し、人生に変化を起こさせます。

　この問いかけから内観し、本当に自分が思い・感じる答えを導くのですが、この時にどこに問い掛けるかというと、「丹田」です。へそ下にある丹田を意識して問うと、頭で考えた答えではなく、「心から望む答え」や「気づき」に驚かされることも多くあります。

　日本人は本来、物ごとの判断や決定を腹で行っていました。例えば「腹が固まる」「腹が決まる」「腹が据わる」「腹が立つ」などの言葉があるように、腹で感じて腹で決めることを大切にしていました。武道でも「丹田呼吸」「丹田発声」や「丹田瞑想」での活用がされ、心の在り方を大切にしています。現在では頭で考えたり、判断することばかりが多くなりましたが、「頭で判断、心で決定」することを大切にし、コーチングと武道の素敵な融合によるセッションを提供しています。「問いの深さ」が「成長の深さ」や「人生の深さ」につながっていきます。

やりたいアクセルをやれないブレーキで止めない

　多くの人に関わる中で、「頑張っているのに思った成果が出ない」「心から願っている未来があるのに実現できない」という相談をたくさん受

けてきました。

　スポーツや仕事で成果を出したいと願っている人の多くが努力家です。行動量も多く、継続的な努力を人一倍しています。それなのに願ったことが実現できないのは、「自分自身に制限をかけているから」です。願望が実現できるかどうかは、本当にその願望を叶えられると信じられているか、そのためにその制限を外していけるか、が何より大きい要因なのです。

　その制限を外していくワークやセッションにより、多くの方がエネルギッシュに自分らしく行動することができます。

　私の夢は、「子どもたちのワクワクが溢れ出す社会」を実現することです。そのためには大人が楽しんでワクワク感を持って挑戦し、充実した人生を送ることです。子どもにとっては「親がNo.1のコーチ」なのです。大人が変われば子どもが輝きます。子どもが輝けば未来は変わります。

　ぜひ体験セッションで「Kuro-Obiコーチング」を体験してみてください。

〈プロフィール〉矢野 伊俊（やの ただとし）

1963年愛媛県今治市生まれ。現在松山市在住。
中学浪人での経験で、思い込みを外せば人は変われるを体験。
大手金融機関勤務後、デザイン会社を設立。2009年コーチングを学び、人生が劇的に変化。また、15歳から始めた空手で「心の在り方」を学び、空手指導にコーチングを導入。現在、「Kuro-Obiメンタルコーチ」として活動。悠心道場　代表師範。全日本出場選手多数輩出。全日本大会優勝者2名輩出。

コーチ歴	2015年から	セッション人数	約250人
コーチング時間	約980時間	主なお客様の年齢層・性別	30代〜50代 男性・女性
活動拠点	対面・リモート、どちらも対応可		
資格	スポーツメンタル（フィールドフロー公認コーチ） マネージメントコーチ／やる気スイッチエキスパートコーチ 日本プロコーチ協会		
主な相談のテーマ	・自分らしく成果を出したい ・自信を持って人生を充実させたい ・思い込みからの脱却 ・自分の強み発見 ・パートナーシップ		
コーチング商品および価格（時間・回数）	●初回相談　無料 ●体験セッション　通常33,000円（税込） ご感想の公開についてご協力いただける場合 5,500円（税込）／90分〜120分 事前ヒアリングシートに回答をお願いします。 ●単発セッション　33,000円（税込）90分 事前ヒアリングシートに回答をお願いします。 ●3カ月コース　目的に合わせて相談の上、内容を組み合わせます。 ●6カ月コース　目的に合わせて相談の上、内容を組み合わせます。		
コンタクト方法・連絡先	ホームページ：https://www.y-karate.jp メール：gizumori1@gmail.com Facebook：https://www.facebook.com/tadatoshi.yano		

あなたがやりたいことを探し、自身の言葉で未来が語れるように、
私の社会人、スポーツ現場での経験を活かしてサポートします。

サクセスにアクセス

力野邦人

幼少期から、そして浪人時代のアメフトとの出合い

　2歳から喘息だった私は、小さい頃から外で遊ぶことは好きだったものの、周りと自身の体調を気にして、友人と同じように生活できないこと、周囲の友人に気を遣わせてしまうことがあり、小さいながら負い目に感じていました。走るとすぐゼーゼーと喘鳴が起き、皆に心配されることが多かったのです。そんな中でも小中とサッカーをしていたのですが、高校では帰宅部でした。

　転機が起きたのは浪人時代でした。その年の夏、アメリカに住む姉のところに行く機会がありました。ちょうどテレビでは、シーズンイン前のアメリカンフットボールの映像が多く放映され、それを観ていた私はなぜかアメフトをやってみたいと思い、率直に面白そう！　やってみたい！　純粋にそう興奮していました。とは言うものの、冷静に考えると、50kgにも満たない体重だった若者が選ぶスポーツではありません。しかし、当時学びたかった電気電子工学とアメフト部がある大学に進学を決意しました。理系単科大学で関東リーグ所属の大学は、当時2校しかなく、その2校を受験し、なんとか合格することができました。ところが、アメフトをやることを周囲に話すと、親戚、主治医からは猛反対、親戚の方からは、「喘息なのだから体に良くない」と何度か電話

もいただきました。そんな中、今でも忘れられないのは、母だけは唯一「やりたいことをやりなさい」と背中を押してくれたことです。それが大学からアメフトをする決心へとつながりました。本当に感謝です。

選手時代

　大学時代、貧弱な体格で喘息持ちでしたから、「力野はいつ辞めるのか？」と何度も言われたり、周囲の会話を耳にしたりしました。正直、体はしんどかったし、喘息が出るたびに通院し点滴を繰り返していました。でも、2年生、3年生となるうちに点滴の回数も激減し、体格も大きくなり、なんとか4年間やり切ることができました。卒業後8年ほど社会人リーグでプレイしていましたが、途中心臓病（心筋炎）と前十字靭帯断裂で二度の長期離脱をしたため、実質どれだけプレイできたかはわかりませんが、それでも明らかにアメフトのレベルだけでなく、体格的な成長（168cm・80kg）、仕事をしながらの時間管理のスキル、体調管理法を身につけ、多くの友人に出会えたことを考えると、やってよかったことに間違いはありませんでした。その後、転職を機にチームを離れることになりました。

現場のコーチになって

　選手を引退した2年後に、母校の監督からヘッドコーチの依頼が舞い込みました。もちろん仕事ではなく、週末のボランティアコーチとして。母校を卒業して10年、チームは瀕死の状態でした。チームに戻り最初の1〜2年は社会人時代に学んだことの真似ごとでなんとかコーチはできましたが、それをやっていく中で自分の中の薄っぺらさにもなんとなく気づき始めました。そのため、コーチ就任5年目に、自分自身が外に出てチャレンジすることにしました。U-19日本代表アシスタントコーチの募集に応募したのです。そこに名を連ねるコーチ陣はメディアで見るコーチや、トップチームのコーチばかりでした。そんな中、国内開催

のキャンプにだけでも参加できれば、何か得るものはあるだろうと信じて参加しました。僕自身、日本の大学の本当に下から数えたほうが早いレベルのチームのコーチでしたが、がむしゃらについていくことにしました。やる前に、できるのかできないのかの結論を出したくなかったからです。

代表に名を連ねる雲の上の存在のコーチやスタッフの人々、19歳以下とは思えないレベルの高い選手たちとの練習、ミーティングは本当に刺激的な時間でした。自分の役割を果たすことだけに注力して合宿に参加していました。その後、応募したコーチの中で、アメリカ遠征（10日間）への帯同を許された二人に選んでもらえました。嬉しさと緊張が入り交じる瞬間でした。おそらく、無意識に小さくガッツポーズしていたと思います。

遠征中は、すべてのコーチ、スタッフ、協会関係者が、私自身をアシスタントというだけでなく一人のコーチとして認めてくれて、いろいろな話をしてくれました。本当に素晴らしい時間でした。何もできない私は、ただただ誠実に、チームのためにできることをしっかりやるだけでした。

雲の上……確かに手が届かない位置でした。ただ、その距離感がわかったことが、先々の私の人生に大きな影響を与えてくれました。視野が上を向き、視座が高まった瞬間でした。自分のターニングポイントの1つであったと今も思っています。

その後、母校のコーチを合計9年間務めたのち、昔お世話になった社会人チームに移籍し6年間コーチをし、その2年目に日本リーグ1部（X1）への復帰に貢献することができました。その後、さらに視野は上を向き、日本一になるために何が必要かを学ぶために、さらにうえのトップチームに移籍をしました。そして、2020年のコロナ禍から東京を離れ福岡の大学のコーチを兼務することになりました。

読者の皆さんへ

　アメフトのコーチは今年（2023年）で22シーズンを終え、また来年に向けての準備が始まっています。幼少期の病弱な私が今こうしているのは、見守ってくれる大人が私や私の気持ちを受け止めてくれ、やりたいことをやれるように、周りの人々が私の視野や視座を高めてくれていたからです。そして、その一方で自分自身も、社会人として32年間の実務で学んだことや、2016年から新たに大学で心理学を学び、その後コーチングを学ぶ中で、コミュニケーション力の向上による良い効果を実感してきました。福岡の大学のアメリカンフットボール部は、リーグの中でも人数はとても少ないほうですが、2022年平和台ボウル優勝、2022、2023シーズンリーグ戦２位と徐々に結果が出てきています。これらの経験から、今後私は、アメフトの枠にとどまらず、幅広い世代、多くのスポーツ関係者、会社でのプロジェクトを進める人たちのコミュニケーション力向上のため、技術のコーチから、心のコーチへと拡張するべきだとの考えに至りました。私自身はこれを第二の転機と捉えています。今までのスポーツの現場や社会人経験から、コーチをしながら学んだ心理学、コーチングの知識を活かしながら、全ての人が手にするチャンスを活かすために、そして多くの人に成長実感を持ってもらうために、安心、安全で、正当な競争の場での成長をみなさんに提供するために、活動をしています。会社員と日本代表の二足の草鞋にチャレンジした先に見えたことを、皆さんのために役立てていきたいです。

将来の夢

　何かのために、やりたいことができないと思っていた方、あきらめかけていた方、一人でも多くの方の力になれたら、私自身の人生も素晴らしいものになると思います。今はそれが私の夢です。
　皆さんの成功への架け橋になりたいです。

〈プロフィール〉**力野 邦人**（りきの くにひと）

1967年９月21日、東京都出身。
<社会人歴>
1992／４　メーカーにて半導体論理回路の研究開発に従事
1999／10　転職し、半導体回路関連の商品開発に従事
（2009／４　ヒット商品社長賞受賞）
2013／１　商業用大型プリンタの販売推進、技術サポートに従事
2022／11　退社し独立　本格的なコーチ業専任へ
<コーチ歴>
2002-2010　東京農工大BLASTERS（アメリカンフットボール部）HC
2007,2008,2009,2012,2016　U-19日本代表AC（Asistant Coach）
2014　第１回世界大学選手権日本代表AC
2011-2015　ハリケーンズ　OC（Offensive Cordinator）
2016-　胎内ディアーズQC（Quality Control）
2020-　福岡大学Black Knights QC（現在　東京と福岡の二拠点で活動）
2021-　スポーツコーチング協会認定コーチ
2022-　日本ハラスメントカウンセラー協会公認上級ハラスメントマネージャー

コーチ歴	2002年から	セッション人数	社会人　約40名 学生　約70名
コーチング時間	約200時間	主なお客様の年齢層・性別	10代後半～ 男性・女性
活動拠点	東京近郊、福岡／対面・リモート、どちらも対応可 交通費の実費がいただければ世界中どこへでもいきます！		
資格	日本スポーツコーチング協会　公認コーチ　／　銀座コーチングスクール認定コーチ　／　上級ハラスメントマネージャー アメリカンフットボール指導者コーチⅠ及び講習会講師 日本SAQ協会レベル２インストラクター Movement Of Fundamental トリプルスター TERAメソッド認定コーチ／MENSA会員　他		
主な相談のテーマ	・入学から卒業までの目標決めから、それを達成する過程の伴走（スポーツと学業の両立など） ・選手のモチベーションアップや主体性を育ませたい ・職場のコミュニケーションを活性化し成果を上げていく		
コーチング商品および価格（時間・回数）	３カ月単位　月２～４回（応相談）　５万円／１カ月　（学生さんなど応相談　法人の方は別途ご相談ください）		
コンタクト方法・連絡先	メール：kunricky+scac@gmail.com		

2-8 コーチングのモットー、
大切にしていることなど

「To Youが生み出すGoodコミュニケーション」をモットーに、他人との関係性を阻む不安や疑問を取り除く仕組みと方法が理解できます。

Bus Bashaの物腰

Ino sun Act　代表／井上恭治

すべての人のための馬車(omnibus coach)

バスの語源はラテン語のオムニバス（omnibus）「すべての人のために」、コーチの語源はハンガリーのコチ（Kocs）という街で走っていた馬車。馬車で大切な人や物を目的地に運ぶことから転じて、選手たちを目的地（勝利、もしくは成長）に向かって導く人をコーチと呼ぶようになったのです。

私は、令和4年3月に公立中学校を早期退職し、個人事業を立ち上げ、コーチングセミナーを開催し、翌年バス・タクシーの会社にドライバーとして再就職しました。プロコーチとプロドライバーの兼業です。

私のリスキリング（スキル、知識の習得）は、コーチングの資格と大型2種免許の取得でした。世間ではリスキリングとしてDX（デジタル化推進）と思われがちですが、私は、こちらでした。私は、中学校保健体育科教諭でしたがフリーランスに転身。きっかけは、怪我や病気で思うような授業ができなくなったことです。心にふがいない思いが強く、一気に大変身をねらいました。「憧れのドライバーへ就職」「残された能力を別世界で発揮できれば幸せ」と考えたのです。

ティーチ（教える）からホスピタリティー（深い思いやり、優しさ、歓

待）の精神への転換は大冒険でした。「心から親切にもてなす」という
ホスピタリティーは、いわゆる「**おもてなし**」のことで、主に接客や接
遇の場面で多く使われます。

　DX化、戦乱の世など大きく変動している現代社会を形成しているの
は人間であり、心が存在します。私が、今こそ大切にしたいのは、何か
をしたいと思う人の心を支え、「こうなりたい」「ここへ行きたい」をサ
ポートする職業だと思います。

　バス・タクシーのドライバーとして「どういう表情」「どういう声が
け」「どういう所作」がそうなのか、それに答える馬車とはどういうも
のなのか創造しています。私が考えるホーム（※以下の記述）の要件を
満たす馬車でありたいと思うのです。

　私がコーチングをするうえで大切にしていることをご紹介します。

1　ホームとアウェイ（自陣と敵陣）

　ホームは、自分の実力が出るばかりでなく、心が落ち着き、併せて応
援者も多くいてのびのびと行動することができます。反対にアウェイ
は、自分の応援者が少なく、実力が出る条件ではない不利な状況と言え
ます。ホームの条件としては、次の3つが整う必要があります。
1つ目、身の安全（危害を受けない場）
2つ目、心の安心（落ち着ける場）
3つ目、事の報告（自由な会話）

　これは、愛着障害の原因と言われる3つの要因で、幼少期にこの3つ
のうち1つでも整っていなければ、反抗的な態度、逆上、あおりなどの
症状が出てしまうことがあります。しかし、身近な誰か一人でも3つの
項目を備えていれば、障害は起こらないことがわかっています。また、
成長してホームに出合うことで、その症状はなくなっていくとも言われ
ています。人々の心には、どこかにホームが存在することが大切である

ということです。

　ホームの存在は、発達段階にも良い影響があるというだけでなく、人の能力を引き出す要素でもあります。私は、このホームと言える場を広めていきたいと思っています。

2　犬と猫の心（実力を発揮するために）

　自分の目的を発揮しようとした時に、頭の中のもう一人の自分に悩まされることはありませんか？　「邪念」「セルフ1」「インナーゲーム」「チャッター」などさまざまな言い方があります。

　自分の頭の中には二人の自分がいます。すなわち、実力で行為をしていく自分と、不安をあおり、ありもしないことを想像させることで目標達成の障壁となる自分がおり、両者の間で思い悩み疲れてしまうことがあります。

　私は、我が家の犬と猫からヒントをもらい、このことの対策をしています。犬は、周りの様子や人の目を見て、機嫌を気にした動きをします。反対に猫は、かわいい顔と動きをしますが、いざ目的がはっきりすると的確な動きを見せます。私は、勝負の場面で緊張したり、ありもしないことを思考していたりする時には、犬状態の自分の心に「静かに！」「お座り！」と呼びかけます。そして、しっぽをなびかせて優雅に部屋を探検する猫の姿を思い描き、「俺は猫だ」と自分に呼びかけています。我が家のペットが、たまたまそうなのかもしれませんが、そうすることで平常心になれ、実力が発揮できています。

　コーチとして、現在のクライアントさんの落ち着く場所がホームとして整っているのか、どのような心の状態なのかを把握しておくことが、心の健康づくり（メンタルヘルス）には大切なことなのです。そこが基盤となり、目標への願望が実現されていくのです。

　皆さんも、目の前のクライアントさんにあなたの誘うBus Bashaへ乗

車していただきましょう。

　そして、ぜひいつかどこかで私の運転するBus Bashaにもご乗車くだ
さいませ。

〈プロフィール〉**井上 恭治**（いのうえ やすはる）

1964年4月28日、広島県生まれ。
1988年〜公立学校保健体育科教諭
2022年〜個人事業Ino sun Act開業
2023年〜地域コミュニティーバス　ドライバー

コーチ歴	2022年から	セッション人数	約500人
コーチング 時間	約100時間	主なお客様の 年齢層・性別	主に10代〜 男性・女性
活動拠点	広島県／対面・リモート、どちらも対応可		
資格	（一社）日本スポーツコーチング協会認定スポーツコミュニケーションアドバイザー＆コーチ 大型2種自動車免許 中高教員免許（保健体育） JSPO公認陸上競技コーチ4　JAAF公認コーチ		
主な相談の テーマ	○「ホームを生み出す環境」 ○「思考を整える」 ○「To Youが生み出すGoodコミュニケーション」 ○「スポーツハラスメントの根絶と能力の開発」		
コーチング商品 および価格 （時間・回数）	集団セミナー　講演会　　￥20,000〜／h ※いずれの場合も応相談		
コンタクト方法 ・連絡先	ホームページ：https://www.ino-sun-act.com メール：info@ino-sun-act.com		

「相手の中に必ず答えがある」をモットーとし、自己価値を高め、
自分ならではの居場所を見つけ想像を超えた未来へ導きます。

人生に、自分ならではの
居場所を見つけてもらえたら
嬉しいです

カルム　代表／大西謙一

自分の居場所が見つかった！

　私の生まれは関西なのですが、小学校１年生の時に福岡に転校してか
らは、言葉の違いもあり友達がなかなかできませんでした。そのため、
いつも一人で漫画を描いて遊んでいる子どもでした。ところが、３年生
の時に国語の授業で、「物語の主人公を絵にしてみよう」という時間が
あり、その時描いた絵を先生が褒めてくれたことで、漫画が描けるとい
うことがクラスメイトに広まりました。そしてみんなから「僕にも漫画
を描いてよ」と言ってもらえるようになり、急に友達ができるようにな
りました。教室に自分の居場所ができたのです。「自分の漫画で喜んで
くれる人がいるんだ」と気づいた瞬間でした。

　この原体験から私は、「人には何かしらの長所や特技があり、本人が
それに気づくことで、自分の居場所を築き、有意義な人生を歩んでいけ
る」ということを学ばせてもらいました。そして、そんなサポートをい
つか私もできたらいいなぁと、心のどこかでずっと思ってきました。

コーチングとの出合い

　また、高校生の頃からマジックにも魅せられ、その後著名なマジシャ

ンに師事し本格的に技を磨き、プロマジシャンとして11年間活動してきました。その活動も楽しくはあったのですが、その場の拍手はもらえても、名前は覚えてもらえないというようなことも多く、手品の道具に頼っている自分に疑問を感じるようになり、やがて丸腰で勝負する世界への憧れが芽生えてきました。例えばお笑い芸人さんって、話術だけでどこでも笑いが取れますよね。これって本当にすごいことだなと思っていました。

　そのような折に、たまたま受けていた目標達成のセミナーで、「コーチング」という言葉に初めて出合ったのです。実際に演習で二人一組になってやってみると、これは自分に向いているかもと直感しました。コーチングでは、「答えは本人の中にあり、それにいかにして気づいてもらえるか」ということがポイントになります。何か自分の原体験と通ずるものがありました。それから2年ほどコーチングを学びながら、自分なりのスタイルを目指して、マジックの道具や漫画作成の技法などを取り入れたりしてみました。ところが、コロナ禍でオンラインでのやりとりとなったため小道具が使えなくなり、いよいよ素手での実力勝負をせざるをえなくなったのです。

　もともとこの状態は私が望んでいたスタイルではあったのですが、急に丸腰となったため、最初は無料モニターを募って細々とスタートしました。ところが、そのモニターでコーチングを受けてくれたタロット占いを得意とする主婦の方が、自らの強みに気づき、たった2週間で約100万円という大きな売上成果を挙げてくれたのです。

　私がやったことは、ただその方に「本当はどうなりたいのですか?」「そのサービスを必要としている人はどこにいますか?」といった質問を繰り返しただけなんです。

　私のちょっとした言葉が、相手の心の中にポッと火をつける。この関

係性はとても面白いと感じました。もともと私はマジシャンでしたから、相手の意識を意図的にどこかへフォーカスさせる手法や、相手の深層心理を利用した対話術を得意としていました。そして、私がどのような言葉を投げると、どのような気づきに繋がるのか、その奥深さにますます魅せられ学びを深めていったのです。クライアントさんにはあえてコーチの助力に気づかれないよう影に徹することで、自らの力で達成できた実感をより強く感じ、充実感と自信につなげる独自のコーチングを磨いていきました。

▌潜在能力を開花させるお手伝い

　コーチングの仕事で大切なことは、クライアントさんが未来に向かおうとするエネルギー、幸せになろうとする本心を100％信頼することなんですね。ですが、中には「あなたはどんな人生を送りたいですか？」と尋ねても、メンタル的に落ち込んでおられるクライアントさんもいて、そういった方には夢や目標を掲げること自体が苦痛となってしまうことがあります。こういった、今マイナスゾーンにいる方には、先に精神的なブロックを外したり、脳科学的な改善策を施したりもします。

　意識をゼロからプラスの方向に持ち上げていくのがコーチングなら、マイナスの意識状態をゼロにまで戻してあげるのがカウンセリングになります。どちらも大切なことですので、私は両方をバランスよく組み合わせ、より相手に合ったコーチングを考案し体系化してきました。そして、このノウハウを多くの経営者やリーダーに伝授すべく、潜在意識をベースとした「コーチ養成講座」も開催し、あらゆる目標達成や夢の実現をサポートできるコーチの育成と仲間づくりにも取り組んでいるところです。

　私は人間一人ひとりの潜在能力には限界はないと信じています。こちらの引き出し方次第でどんどん自己価値を高めていき、次々と自己実現

されていくクライアントさんをこれまでたくさん目の当たりにしてきました。未来の自分の理想の景色を想像してみてください。そこには心からワクワクできるあなただけの居場所がきっと広がっています。コーチと一緒に歩むことで、ふと気づけば本当の自分の居場所、本当に叶えたかった夢に到達しているというのが私の理想です。そうサポートできるよう陰で支え、しっかりと寄り添えるコーチでありたいと常に願っています。

　最後に、私が今取り組もうとしている活動についてお話しさせてもらいます。近々キャンピングカーで日本全国を旅する計画を立てています。この旅の目的は様々な地域の経営者と出会い、繋がりながら自己実現をサポートすることです。また、私が磨いてきたコーチングメソッドを広める機会にもしたいと考えています。私の願いは「自ら自己実現する背中を見せながら、身近な人々にも新たな挑戦のきっかけと勇気を与えられる人」を増やすことです。

　この取り組みを通じて、全国の経営者やリーダーそして日本全体がより活気に満ち、元気を取り戻せるよう願っています。もしどこかで私の活動を見かけたら、気軽に声をかけてもらえると嬉しいです。私たち一人ひとりの小さなチャレンジが、やがて大きな変化をもたらすと信じています。

〈プロフィール〉**大西 謙一**（おおにし けんいち）

1976年6月22日、京都府生まれ、福岡県育ち、東京都在住。
JTB（1年）、プロマジシャン（11年）、新聞4コマ漫画家（8年）、コーチ・コンサル（5年）
自己実現コーチ

自己実現をサポートするビジネスマインドコーチ。個人の潜在能力を最大限に引き出すことに特化したコーチングを得意とする。クライアントの心に深く寄り添いながら真の自己実現へと導く。心理的健康と個人やチームの目標達成やパフォーマンスの向上もサポート。20年以上のエンタメ経験から生まれた独自の視点とアプローチにより、クライアントに新しい挑戦への勇気を与える。

コーチ歴	2019年から	セッション人数	約200人
コーチング時間	約2,000時間	主なお客様の年齢層・性別	30代〜50代 男性・女性（女性8割）
活動拠点	リモート		
資格	原田メソッド認定パートナー		
主な相談のテーマ	・自己分析（キャリア・価値観・強み・原体験の深掘り） ・思考の言語化（自己紹介、コンセプト、ミッション、ビジョン、理念） ・目標設定、優先順位決め、行動計画、振り返り、ブラッシュアップ ・マーケティング（ビジネス設計、商品づくり、ブランディング、SNS戦略） ・コーチングの技術（傾聴、質問、思考の深掘り、マインドセット）		
コーチング商品および価格（時間・回数）	・自己実現マインドコーチング 半年66万円 税込（1セッション120分×12回） ・自己実現コーチング養成講座 半年66万円 税込（1セッション4時間×12回）		
コンタクト方法・連絡先	Instagram：https://www.instagram.com/oonishi.kenichi0024/ X（旧Twitter）：https://twitter.com/kenichi_oonishi YouTube： https://www.youtube.com/channel/UCKzIFwUhWYiAxftjPuVEbgw メール：kenichi.onishi.calme@gmail.com		

Instagram　　　　　　X（旧Twitter）　　　　　　YouTube

> 誰にも言えなかった苦しみを分かち合います。本当のあなたの悩み・課題からスタートできるコーチングを身上としています。

本当に辛いこと、苦しいこと、悲しいこと。簡単に誰かに打ち明けられますか？

ビジネス心理コンサルティング株式会社／梶浦正典

コーチングのスタート地点を間違えないために

　皆さんは誰かに相談した時に、

「そういうことではないんだけどな」

「自分の本心とはちょっと違う」

「でも、これを言ったら誤解されてしまうかもしれない」

　こんな思いを抱いたままドンドン話が進んでしまい、

「じゃあ、こうするべきだよ！」

と、なんとなく結論が出されてしまってさらにもやもやしたこと、ありませんか？

　コーチとして、カウンセラーとして私が最も心がけてきたことは「ココロに寄り添うこと」です。

　自分にとって辛く悲しく苦しいことになればなるほど、人には打ち明けられなくなるものです。

　身近な人、大切な人であればあるほど、

「心配をかけたくない」

「嫌われたくない」

「ダメな人だと思われたくない」

　そんな想いが湧いてきて

「大丈夫だよ」

という言葉に変わってしまいます。

　コーチングも同じです。

　傷つき憔悴し切っている自分を守るために、自身を飾り、無理をして大丈夫な姿を演じ、前向きに頑張っている自分を語る。

　真面目な人になればなるほど、この傾向は強くなります。

　スタート地点が飾られたものであっては、どんなにコーチングをしても良いゴールにはたどり着けません。

　コーチやカウンセラーを信頼し、安心してその苦しみや悲しみを吐き出すことができて初めてスタート地点に立てるのかもしれません。

■ 私のコーチングの原点

　私は、前職の信託銀行勤務時代、労働組合の中央執行委員長を務めていた時にカウンセリング、コーチングと出合い、組合員一人ひとりのココロに寄り添い、想いを引き出し、一歩を踏み出すサポートをしていきました。

　ビジネス心理コンサルティング株式会社代表の林恭宏に師事し、カウンセリング・コーチングを学び始めた私は、「自分が今までいかに人の話を聞けていなかったか」「心理的安全性を感じられた時、人はこんなにも苦しい胸の内を語ってくれるのか」ということに気づかされました。

　今でも忘れられない方がいます。コーチングをご依頼いただいた40代後半の女性の方。

　その方は、中学校2年生の娘さんを自殺で亡くされたお母さんです。

　第1回目、第2回目のコーチングではただひたすら学校への批判、教師への憎しみ、友人への怒り、地域への不満。

　ありとあらゆる憎しみや怒りをぶつける、そんな場になってしまいました。

　ただ、第3回目のセッションの時はちょっと様子が違いました。

　座ってうつむいたままじっと黙っている。

　長い沈黙の後に彼女の口から出てきたのは、こんな言葉でした。

「あの日、あの子、学校行きたくないって言ったんです」

　その娘さんはとても両親思い。小さい頃からご両親に心配をかけることがほとんどない、いわゆる良い子でした。

　その娘さんの口から突然、「学校行きたくない」という言葉が飛び出してきた。

　ご両親、慌ててしまったそうです。

「わかるわかる。中学校の時はいろいろあるからなあ。でも頑張れよ」

「今日休むと、明日もっと辛くなるよ。大変だと思うけど行ったほうがいいんじゃない？」

「ほらほら今日の夜、あなたの好きなご飯つくって待ってるから。元気出して行ってらっしゃい」

　そう、励ましてしまったそうです。

　娘さんは小さく笑みを浮かべて、

「そうだね、行ってくるね」

　そう言って家を出ていったそうです。

　ただ、彼女が帰ってくることは二度とありませんでした。

　相談してくれたそのお母さんは、それからずっと自分のことを責め続けていました。

「なんであの時、あの子の話を聞いてあげられなかったんだろう。あの子が自殺した背景には酷いいじめがありました。でも、違うんです。あの子を殺したのは私なんです」

ずっと自分のことを責め続けていました。

娘さんの口から出てきた言葉はたった一言。

「学校行きたくない」

でも、その言葉の裏側にはいろいろな苦しみや悲しみが隠されていた。

ご両親は、娘さんのことが可愛かった。いつもの通り笑顔になってほしかった。愛情ゆえに励ましてしまったのです。

娘さんからすると「ああ、こんな素敵な両親に本当のことは言えない」。そんなことを考えて最悪の道を選んでしまったのかもしれません。

そして、相談してくれたこのお母さんも一緒なんです。

娘さんを失った悲しみから、多くの人に憎しみや怒りの感情をぶつけて生きてきた。

でも、彼女の本当の悩み・苦しみは、あの日、あの時、娘さんの話を聞いてあげられなかった、そんな辛い想いだったのです。

コーチングが終わった時に彼女は、

「本当の自分の悩み・苦しみと向き合うことができて、ようやく私は一歩を踏み出すことができました。私のこの体験、多くの人にも伝えてほしい」

と話してくれました。

私のコーチングの原点はここにあります。

■ クライアントの皆さんが、夢と誇りを持って一歩を踏み出せるように

クライアントの言葉の裏側にあるものに気づく。

ココロの奥底にある本当の想いを引き出し、飾らない自分自身の「スタート地点」を明確にしていく。

そして、クライアントが真に求めるゴールを共に描いていく。

そんなお手伝いができたらと思います。

〈プロフィール〉**梶浦 正典**（かじうら まさのり）

1973年7月21日生まれ。
東京出身。慶應義塾大学法学部卒業。中学より体育会ラグビー部に在籍。
三井信託銀行株式会社にて個人営業、法人営業、人財育成等を担当。
労働組合副委員長2年、委員長2年を歴任。
その後「働く人の心に夢と誇りとやりがいを取り戻す」ために銀行を退職。
現在は、ビジネス心理コンサルティング株式会社主席心理コンサルタントとして、研修、講演活動、カウンセリング、コーチング等の活動を実施。

コーチ歴	2013年から	セッション人数	約130人
コーチング時間	300時間以上	主なお客様の年齢層・性別	20代〜40代 男性・女性
活動拠点	東京／対面・リモート、どちらも対応可		
資格	iWAMプラクティショナー 日本メンタルヘルス協会基礎心理カウンセラー		
主な相談のテーマ	・マネジメント、リーダーシップの執り方 ・営業力強化、目標達成 ・上司との人間関係構築（部下力） ・子育て（子供の教育） ・スポーツ指導		
コーチング商品および価格 （時間・回数）	1セッション15,000円（60分） ※心理テストを使用したコーチングは別途費用がかかります。また、セッションの回数はご相談内容・進捗状況等によって変わります。		
コンタクト方法・連絡先	ホームページ：https://business-shinri.com/ メール：masanori.k@business-shinri.com		

私は、あなたを把握するために聴き取ります。そして、あなただけ
の矛盾のない生き方を共に見つけながら自立・自律を支援します。

過去は生かす　未来は創る
今は楽しむ

エヌ・フルール　代表／加藤 佳

このままでいいのか。

何かやりたいけれどやりたいことが見つからない。

変わりたいけれど何をどうしていいのかわからない。

自分が変わることで、環境は変わります。

今こそ、物・暮らし・人間関係を棚卸しして、本当の自分に出会いに
行きませんか?

まずはこのページにたどり着いてくださり、ありがとうございます。

こうして出会えたのも、何かのご縁だと思います。

自分の居心地のいいスタイルを見つける。

私は、今でこそコーチとして充実した日々を過ごしていますが、人生
の前半は流れるまま。

1女1男の母をしながら、組織の中で事務の仕事に就いていました。

ほとんど主婦しか知らなかった私を変えたのは、精神疾患に苦しむ人
との出会い。

人間の深い悩みはどこから来るのか知りたくなり、心理学を始めたこ
とでした。

　たくさんの人との出会いで、自分の狭い視野や依存に気づき、人間関係も変化……。

「心の持ち方」で現実が変わっていくことを体験しました。

　私にしかできないことは何だろうか……？

　今まで生きてきた経験と知識を、クライアントさんを一歩前へ進めるきっかけにしていただけたら、と。

　現在は、コーチ・カウンセリングを仕事にしています。

　40歳からの幸せは自己責任！　自分が変わることで環境は変わる。

　私自身の変化や、たくさんのクライアントさんに出会って思うことは『すべては自分の捉え方で変えることができる』ということ。

　毎日をのびのびと過ごしている人は、「自分の良さ」を理解し、「こうなりたい」という自分の姿を知り、惜しみなく表現している人です。

　自分の役割を生きることは、自分の幸せを追い求めること。

　自分の生きる場所を知り、そこで真理に沿った生き方をすることが、周りの人たちの幸せにもつながる。

　それに気がついた人から、物事の捉え方や結果の受け取り方が変わっていきます。

　運命は自分で切り拓くことができる！

「自分に必要なものがわかったから、選択がうまくなった！　毎日が本当に楽しい！」

　これは40代女性のクライアントMさんが、よく私に言ってくれる言葉なのですが、その幸せは彼女自身が摑み取ったもの。

　３年前、「目標がない」「次に何をやっていいかわからない」と私の元を訪ねてきてくれたのですが、「自分がどうなりたいか？」を求め、行動し続ける姿はとてもキラキラと輝いていました。

　そんな彼女から最近、「昇給した！　自分の好きなことで始めた副業でも、収入が入るようになってきた！」と報告がありました。

　誰よりも自分に向き合い、ひたむきに努力した彼女だからこそ、現実

化したのだと思います。

生まれながらにして、あなたにはあなたの場所がある。

そこを見つけて自分らしく生きた時、すべて

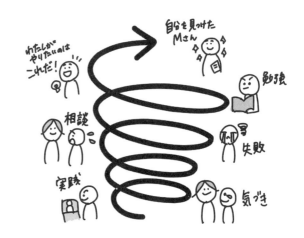

はうまく廻っていきます。

誰でもいつでも。遅すぎることはありません。

あなたにも、あなたでないとできないことが託されています。私はそれを応援していきたい。

人にはそれぞれ「この世での置かれた場所」と「与えられた恵み」がある。

私の提供する『佳コーチング』は、心理学、算命学、コーチングの引き出しを、時に応じて使えるのが強みです。

算命学でこの世に生まれながらに持つあなたの特性や運命、今までの出来事の意味を知り、家系学であなたが持っている課題を浮き彫りにして、現在地を知る。

カウンセリングで子どもの頃の思いを癒やす。

あなたに必要な引き出しを使って、あなたの気づかない、あなたの中に隠れた本当の自分に向かう道を、一緒に探していきます。

自分を見つめ、本当の自分を知るプログラム。

これまでのさまざまな経験は、これからのために用意されたもの。

今までいろいろな体験をしてきたからこそ、これから自分らしい自分を創ることができます。

　あなたの花を咲かせる種は何でしょう？

　この世での役割は人それぞれ。やりたいことが、必ずしも自分に合っていない場合もあります。
　私のコーチングでは、クライアントさんに適した環境、その人の性格を伸ばす仕事・人間関係をお伝えすることができます。

　自分のことは自分が一番見えない。だから、自分を客観視する鏡のような存在に。
　自分を飾ることなく等身大で話せる相手、それがコーチであると、私は思っています。
　コーチングは受ける側も伝える側も両方共に必要な関係だと、多くの方を通じて教えていただきました。

　いきいきと歳を重ねる人生を選びますか？
　それとも「家族が…体調が…」と言って人生を過ごしますか？

　あなたが変わろうとする時、誰かの未来につながっています。
　あなたが変わろうとする時、あなたの行動や思いは、誰かに影響を与えていくのです。

　何が心地よくて、どんな時に喜びを感じるか。
　まずはそこから始めましょう。
　自分の人生をも含めた越えられない問題を共に考えていける。そういう友人をお待ちしています。

〈プロフィール〉**加藤 佳**（かとう けい）

1962年、広島県生まれ。
銀行員・公務員の非常勤職員を経てカウンセラー・コーチ・
算命学講師　NHKカルチャースクール算命学講師
ライフコーチ・算命学カウンセラー

コーチ歴	2013年から	セッション人数	約300人
コーチング時間	500時間以上	主なお客様の年齢層・性別	40代〜50代男性・女性
活動拠点	広島県／対面・リモート、どちらも対応可		
資格	NLPプラク・アドバンスカラー・TA交流分析・ライフオーガナイザー 心理カウンセラー・ヒプノセラピー・算命学・漢方養生指導士		
主な相談のテーマ	仕事・人間関係・家庭環境		
コーチング商品および価格（時間・回数）	人により・目的により・現在位置により千差万別 まずは、月2回のカウンセリング（1回1万円）で方向性を定め その人のペースで進めて生きます		
コンタクト方法・連絡先	ホームページ：https://key-sinri-sanmei.com Instagram：https://www.instagram.com/key_sinri_sanmei/ アメブロ：https://ameblo.jp/ab0506/		

個人が自分ならではのキャリアデザインを自立的に実現していけるようにサポートする「キャリアコーチ」おすすめの7人

人生100年時代といわれる現代において、キャリアの選択肢はますます多様化しています。キャリアコーチは、人生における各人の立ち位置を尊重しつつ、強みや価値観への気づきを促し、自分ならではの人生戦略・キャリアデザインを主体的に創造していくためのサポートを行います。

自分らしく輝く美しい道を！　あなたの可能性を最大限に引き出し、充実した人生を歩むために全力でサポートします。

愛のある影響力が「幸せの連鎖」を創り、世界平和につながる

Piena Coaching Project（ピエナコーチングプロジェクト）　代表／矢野紗基

コーチングの力を体感して学び始める

　日本にコーチングが入ってきて間もない2000年の秋、ゴールのないセールスの世界で疲弊していた私に友人が言いました。「人の話を聴いて、その気にさせて、相手が自分で行動を起こすっていう面白い仕事をテレビでやっていたよ。あなたに向いているんじゃない？」。私が営業でやっていることと同じに思えました。「“コーチング”っていうんだって」。聞けば聞くほどムクムクと興味が湧き、調べましたが当時はスポーツのコーチングの記事ばかり。その中で唯一スポーツではないコーチ養成会社を発見！　私が住んでいる広島で近々説明会を開催するとわかり、運命的なものを感じてさっそく申し込み、なんと当日デモンストレーションの相手役に選ばれました。人生初のコーチングです。テーマはその時に迷っていた「転職」についてでした。

　ただインタビューを受けただけのようで、その場では何の効果も感じませんでしたが、約１カ月後、私は転職をしていたのです。コーチングが終わった後も無意識のうちにコーチからの質問を頭の中で繰り返し、自問自答し続けていたからだと後になって気づきました。自分で答えを出すようスイッチを入れてくれるんだ、コーチングってすごいなぁ！

と、実感、感動です。

このことがきっかけで、転職先の精神科病院で勤務しながら２年半の
コーチングプログラムを学び、実践しました。コーチングを知る人がほ
とんどいない時代でしたから、まずは知ってもらうためにコーチングス
キルを使ったコミュニケーションのセミナーを開催していきました。す
ると、意外と多くの人が集まってくださり、公民館の４回講座は満席、
カルチャースクールでも30人もの人が６回講座に参加されるなど、当時
の私はいきなり大きなステージに立ったような、身震いする想いがして
いました。コーチングを個人的に受けたいという声もいただき、徐々に
クライアントさんが増えていきました。プロコーチになりたいとは当初
まったく思っていなかったのですが、自分の次のステージを考えた時に
コーチング以外の選択肢がないように思えました。また、私の尊敬する
コーチから背中を押してもらったのも大きな励みとなり、2005年に独立
起業しました。屋号のPiena（ピエナ）は、イタリア語で「豊かな、満ち
た」という意味です。他人と比べることなく、自分らしさを発揮して人
生を歩んでいく支援をしていきたいという想いから名づけました。

私たちは自分らしさを選択し変化成長する

クライアントさん自身が、自分の心の中に隠れていた本当の願いに気
づいた瞬間、私は思わず心の中でガッツポーズをします。自分らしい選
択ができれば、目標は明確になり、行動が加速します。困難だと思えた
目標を達成した時、手を取り合って一緒に泣いたこともあります。「あ
なたに会えて良かった」と言っていただけることはとても有り難く、私
も同じ言葉をクライアントさんに返します。目標を達成するだけでな
く、お互いに影響し合って人として成長できるのがコーチングの最大の
魅力です。

私のパーソナルコーチングは、目標がある程度明確な方は３カ月か
ら、目標設定からしっかり取り組む方には６カ月コースをお勧めしてい

ます。自分のことは案外自分では見えていないし、地道な頑張りは周り
からは当たり前に見えるようで褒めてもらえません。私自身、これまで
10人ほどコーチを雇ってきました。どのコーチも"私だけのために"時
間を取って話を聴いてくれて応援してくれた大変有り難い存在です。一
人ひとりにコーチがいれば、人生が拡大していくと確信しています。私
のコーチングを受けてくれた方も、目標を達成されても継続される方が
多く、継続率は8割を超え、5年以上続く方も少なくなく、10年間サポ
ートさせていただいたケースや数年経ってリピートのリクエストをいた
だくこともあります。

「あの時の言葉で起業しました」「矢野さんの励ましで頑張れました」
などのちのち感想をいただくと、有り難くはあるのですが、私が皆さん
の人生を直接助けたわけではありません。自力で変化し成長をされたこ
とに心から祝福の拍手を送っています。これまで、アナウンサー、フォ
トグラファー、税理士など士業の方、ドクターやナースなど医療従事
者、教員、コンサルタント、店舗経営者、会社経営者、コーチなど23年
間で多くの方のサポートを経験させていただき、それぞれの方々の夢や
目標達成に関われたことはとても光栄です。

▎人は一人ひとり価値ある存在

　国際コーチング連盟（ICF）のプロフェッショナル認定コーチ（PCC）
の資格を取得後、ピエナコーチングマスタースクールを開校しました。
日常のコミュニケーション力をアップしたい人からプロコーチになりた
い人まで、それぞれの目的に応じた内容を少人数の講座で提供していま
す。他のスクール以上に個別対応を重視しているのが特長です。中でも
プロフェッショナルクラスは、ICFが求めるコーチの倫理観まで学ぶハ
イレベルのもので、ICFのアソシエイト認定コーチ（ACC）資格を目指
す人のクラスです。そもそもコーチングは個別対応が特長ですから、規
模を大きくせず、私が直接関われる範囲で質の良いコーチの育成に尽力

していきたいと思っています。お陰さまで思いやりと愛を大切にする
方々が集まってこられています。

　ある時、受講生の方から「コーチングって、一言で言うと何です
か？」と聞かれて、思わず「愛です」と答えました。エグゼクティブコ
ーチングやキャリアコーチングでは、仕事がメインテーマであっても、
仕事とプライベートを完全に切り離してコーチすることはできません。
結局はその人の生き方を含め全体に関わることになり、愛とつながりが
ベースになって会話が進んでいると感じます。

　人間は一人ひとり素晴らしい価値を持っています。自分を低く見積も
ったり、無価値であるように自分を扱うのはとても残念なことです。私
は、コーチングの中で、相手の価値を発見し、認めて、敬意を持ってと
もにいることを大切にしています。コーチが持つべきものは暗闇に一点
の光を見出す力と、それを伝える力。コーチにこの２つの力があれば、
クライアントさんは自力でその光の方向に向かって歩みを進めることが
できると信じています。

　また、そういうコーチング体験をした人は、自分も他の誰かに同じ影
響を与えたいと思うのではないでしょうか。人を励まし、応援し、成長
を手助けする人が増えていくと思います。こうした影響力の連鎖のスイ
ッチを入れることもコーチの仕事であると私は感じています。尊敬する
上司から良い影響を受け、その人が同じように愛と真心を持って部下を
育てる、するとその部下も同じように人を育てる人になる、といった具
合にです。こうした連鎖は、世界平和の実現にもつながるのではないで
しょうか。壮大な試みの一部に自分がいる。私はそう信じて日々コーチ
ングを続けています。

〈プロフィール〉**矢野 紗基**（やの さき）

ピエナコーチングプロジェクト　代表
2000年からコーチングをスタートし、日本コーチ協会広島チャプター初代代表を務める。経営者や起業家、組織のリーダーを対象としたコーチングが得意で5年以上の契約が8割を超える。現在、ピエナコーチングマスタースクールを設立し、世界基準のコーチ育成を目指している。月曜から土曜の朝7時50分から配信しているFacebookライブ【ピエナ Morning Live 750】は1000回を超えて日々更新中！

コーチ歴	2000年から	セッション人数	約250人
コーチング時間	約2,500時間	主なお客様の年齢層・性別	40代〜50代 男性・女性
活動拠点	広島県／リモート		
資格	国際コーチング連盟プロフェッショナル認定コーチ（PCC） 生涯学習開発財団認定マスターコーチ 日本マーケティングコーチ協会認定マーケティングコーチ 日本心理学会認定心理士		
主な相談のテーマ	・事業経営（収益アップ）　・人材育成（部下指導・生徒指導） ・ビジョンの明確化と目標達成 ・セカンドステージ　　　　・メンターコーチング		
コーチング商品および価格 （時間・回数）	まずはお問い合わせください。目的に応じてカスタマイズします。 ■パーソナルビジネスコーチング 　期間：3カ月以上　回数：1〜2回／月　時間：1時間／回 　コーチ料：33,000円／回 ■自己実現パーソナルコーチング 　期間：4カ月以上　回数：1〜2回／月　時間：1時間／回 　コーチ料：48万円〜／契約期間 ■ピエナコーチングマスタースクール 　期間：各クラス3カ月（基本・応用・プロ）　受講料：各22万円〜 ■マイライフコーチング®　（セルフコーチングプログラム） 　期間：1カ月半〜3カ月　受講料：11万円〜		
コンタクト方法・連絡先	公式ホームページ：https://www.piena-coach.com/ スクールホームページ：https://piena-cs.com/ メール：info@piena-coach.com 公式ホームページ　　　　スクールホームページ		

一歩踏み出したいあなたを、あなたの成長に合わせ、心から望んでいることに向けて、共に考え、寄り添い、サポートします。

それぞれの自分らしさを大切に "なりたい自分" へと 共に歩みましょう

桐井久美子

富士ゼロックス株式会社（現・富士フイルムビジネスイノベーション株式会社）に入社し、営業や販促部門を経て人事教育部門へ異動したのが、私のキャリアのスタートです。そこで、人事制度設計や新入社員からマネジメント層までの社員教育など幅広く経験しました。また、研修事業を行う富士ゼロックス総合教育研究所（現・パーソル総合研究所）に出向し、人事教育のコンサルタントとして女性のキャリア教育などにも携わりました。

会社員生活の最後は、関東地区の販売会社を統括する会社の人事総務部長です。女性の部長は多くなかったのでやりがいはありました。会社の組織改編に伴う人員整理などもあり、苦労も多かったですね。そんな中、プライベートで身内の不幸や親の介護が始まるという変化に見舞われました。その状況で責任ある役割で働き続けるのは難しいと考えて、会社清算や人員整理など一通りの仕事を終えた後、私自身も退職という選択をしたのです。

もっと学びたい

カウンセリングやコーチングは退職前から学んでいました。新入社員

117

教育をしている際に、「聴くこと」の大切さを感じたのが勉強を始める
きっかけでした。

　まず産業カウンセラー、次にキャリアコンサルタントの資格を取得し
ましたが、より本格的に学びたい気持ちは消えず、在職中の2006年、42
歳で筑波大学社会人大学院の教育研究科カウンセリング専攻に入学しま
した。恩師はキャリア発達の研究者である岡田昌毅先生で、私は先生の
ゼミ1期生として学び、研究論文は最終的に産業・組織心理学会誌に掲
載されました。また、修了後も大学院のさまざまな活動に携わり、「働
く人への心理支援開発研究センター」の立ち上げにも関わりました。現
在は私学の大学でも教鞭を執っています。

　このような筑波大学院での活動を経て、その後、東京コーチング協会
の理事の方からお声がけをいただいて、改めてコーチングを学んだこと
が、また大きく自分を変えることとなりました。

人を支える喜び

　一般的に、カウンセリングは「問題を抱え本来の自分ではない状態に
ある人を本来の自分に戻すことを支援」しますが、コーチングは「今の
自分から未来の自分へ、心から望んでいることの実現に向けて支援」を
します。東京コーチング協会では「自分はどうなりたいのか?」「現在
は?」「そうなるには何をしたらよいのか?」ということだけではな
く、クライアントさんの言葉の奥にある本質も見極めて大切にすること
を学びました。カウンセリングでもクライアントさんのその言葉の奥に
ある感情も含めて寄り添う勉強をしてきましたが、自分は未来をサポー
トするコーチングのほうが好きだと気づきました。ですから今、私の軸
足はコーチングに振り切っています。

　コーチングによって人がいきいきと変わっていく姿は、私自身のエネ
ルギーにもなっている実感があります。人が成長し変わっていくことが
嬉しくて楽しい。私にとってコーチングは天職だと思います。

　クライアントさんが信頼してくださるのも有り難い。時にはクライアントさんにとって厳しいことを言ったりもするのですが、私と話すことで安心して前向きに進んでいける、と言ってくださる方が多いんです。そのあたりは私の強みかもしれません。

自分らしさを大切に

　自分らしさとは価値観だけでなく、強さも弱さも、できることややりたいことなども含めたものだと思いますが、これは自分への理解が深まることで見えてきます。私はこれを大切にしています。話す内容だけでなく言葉の使い方や仕草など、会話にはその人自身が表れますよね。

　目標がないという人も多くいらっしゃいます。なんとなくこうなりたいっていうのはあるけれど、どこへ向かえばいいかわからない。そんな人はまず歩き出して、違うと思ったら方向を変えればいい。コーチングをしながら、その人らしさを大切に、その人を信じて応援します。すると皆さん、動き始めます。そうしてクライアントさんの目標に近づける支援ができれば最高、と思いながら日々仕事をしています。

　若い世代やマネジメント層の方がキャリアについてコーチングを取り入れるのはもちろんですが、昨今は、ある程度の年齢、たとえば50代～60代の方が今後のより良い人生、キャリアのためにコーチングを受けてみることも必要になっていると思いますね。

　現在、東京コーチング協会の理事となり、一人でも多くの方にコーチングを知っていただいて、コーチングを受けていただけるように活動しています。

回り道も糧になる

　コーチングをしていると、自己分析をもとにコミュニケーションを模索する心理学モデル「ジョハリの窓」でいう「未知の窓」、自分も他人も知らない自己に気がつく方が少なくありません。自分が気づいていな

いことって予想以上に多いんですよ。これには自分の内に隠れた気持ちも含まれます。気持ちを抑え込んでいたり、本当の感情に気づかずに頑張っていらっしゃる方も多々いらっしゃいます。そんな方々が、コーチングを通して本当の気持ちや自分らしさに気づかれて、前に向かって歩み始める姿に、これまで幾度となく寄り添ってきました。

　人は成長し変化していくものです。成長のスピードは人それぞれ、その人なりの成長でいい。時間経過の感覚も人それぞれですよね。それぞれにさまざまな環境などの変化も起こるでしょう。その影響は小さくはなく、その変化が自身の成長につながることもありますが、その過程では苦しいこともあります。ただ、自分らしさという軸さえ見失わなければ、その経験は次への糧となり決して無駄ではありません。基本的に自分らしさは変わらないと思います。それを大切に成長していけばよいのだと思います。

　私は30数年、会社で働きながら大学院で学んだりしましたが、家の事情もあり退職してコーチという道を選びました。男女雇用機会均等法前の入社で、途中にはいくつもの壁があり、女性としての働き方や家族の問題などで苦しく眠れない夜もたくさんあって、何度も自分のキャリアを見返し、そのたびにコーチングやカウンセリングの力を借りました。今ここにいるのは、それらの経験があるからです。

　どんな人でもその人らしさの中でやっていけばいい。私は人生の一歩を踏み出したい方々に寄り添い、その人なりの成長に合わせ、その人自身がなりたい姿に向かって一緒に歩みたい。そして心から望んでいることを手に入れていってほしい。それが私の仕事だと思っています。

〈プロフィール〉**桐井 久美子**（きりい くみこ）

東京コーチング協会　理事

1985年、富士ゼロックス株式会社（現・富士フイルムビジネスイノベーション）に入社。営業や販促を経て人事教育の業務に従事。また富士ゼロックス総合教育研究所（現・パーソル総合研究所）に出向し、人事教育のコンサルタントや富士ゼロックス関東株式会社の人事総務部長を務める。2018年富士ゼロックスを退職。現在は東京コーチング協会の理事。その他、個人事業主として個人や企業の社員へのコーチング、私立大学で非常勤講師を務める。

コーチ歴	2019年から	セッション人数	約60人
コーチング時間	約2,000時間	主なお客様の年齢層・性別	20代後半〜60代前半 男性・女性
活動拠点	東京／対面・リモート、どちらも対応可		
資格	東京コーチング協会認定プロフェッショナルコーチ（TCAPC） 国際コーチング連盟プロフェッショナル認定コーチ（PCC） 日本産業カウンセラー協会　産業カウンセラー 国家資格キャリアコンサルタント MBTI認定ユーザー		
主な相談のテーマ	・自分や部下のキャリアをどうしていくのか考えたい ・今後、社内外で、転職を含めてどう働くのか考えたい ・ワークライフバランスを取りながら働くにはどうしたらよいのか考えたい ・セカンドキャリアを考えたい		
コーチング商品および価格（時間・回数）	【パーソナルコーチ】 基本的には月2回、60,000円（税抜）〜／月 半年契約からスタートし、以降は要望により継続 ※コーチング研修も対応可。ご相談ください。		
コンタクト方法・連絡先	一般社団法人東京コーチング協会 TEL：03-5050-2839 ホームページ：https://tca.tokyo/coachlist/ メール：kirii@tca.tokyo（東京コーチング協会） 　　　　kirii@k-comfort.me（個人）		

> 1. クライアントとの信頼関係を何よりも大切にする
> 2. クライアントが心の底から実現したい未来を明確にする

あなたの"夢"は力になる！
夢を叶える人生を共に創ろう

志鎌あかね

あなたの夢は何ですか？　心の底から実現したいことは何ですか？ 結婚当初、私が一番叶えたかった夢。それは、妊娠・出産です。

■ コーチングに懸ける私の想い〜不妊治療・死産を乗り越えて〜

「自然妊娠はできないと思ってください」。医師から告げられたあの日のことは、今でも忘れません。結婚後、私は不妊クリニックに通い始めました。噂では聞いていたものの、治療と仕事の両立は想像をはるかに超えるものでした。流産を含め数々の苦しいことがありましたが、一番辛かったのは、仕事が最高に楽しかったことです。当時の私は、人材育成に携わることが生きがいになっていました。でも、治療に伴い、仕事で力を出し切れないことがありました。仕事がしたい。でも子どももほしい。その葛藤に深い苦しみを味わうことになりました。

そんな時、米国で一人のライフコーチに出会います。エグゼクティブ専門の方でしたが、ご厚意で何度もコーチングをしてくださいました。そして最終的に私は、「退職」という選択を前向きに行うことができたのです。

退職後、念願の第一子を妊娠・出産。結婚当初の夢が、遂に叶いまし

た。そして、数年後には第二子を妊娠。長女はその子に「ソフィア」という愛称を付けてくれました。しかし、まさかの出来事が起こったのです。妊娠6カ月の時に私は大学病院へ救急搬送され、気づいた時には死産を迎えることになりました。

毎日涙が止まらず、「どうしてこんなに辛い目に遭わなければいけないのか」と悲観的になりました。でもそんな私を、ソフィアは救ってくれました。なぜならソフィアを出産した際、彼女はとても優しい笑みを浮かべていたからです。

入院中、そして出産後も私は何度も自分に問いかけました。
「この経験は、私の人生にどんな意味があるのだろう。彼女は私に何を伝えに来てくれたのだろう」
私は自問自答を通じて、彼女が多くのギフトを与えに来てくれたことに気づきました。そして彼女がお空に還った際、私は強く誓います。
「ソフィアの分まで精一杯生きよう。そしてコーチングを通じて多くの人の支えになろう」
これこそが、私の新たな夢です。

私のコーチングの特色

漠然とした夢や未来を色鮮やかに描くキャリアデザイン

私は幼い頃から30年以上クラシックバレエを続けています。数々の舞台を経験する中で、創造力や表現力、そして感性を磨いてきました。

コーチングでは、感情や感覚に丁寧に耳を傾けながら対話を進めます。そして、対話の場ではクライアントさんが望む未来の心象風景を明確にするため、直感的なイメージや比喩的な問いを投げかけていきます。すべての答えはクライアントさんの中にあるからこそ、興味のある分野に関する問い等も交え、イメージを膨らませていただくことで、人生の道標となる夢や未来を共に描いていきます。

123

これからの人生を木にたとえるとしたら、どんな木を育てたいですか。

コーチングでの問いかけ例

あなたの"夢"。それは心の底から実現したい未来です。時に大きな壁が立ちはだかっても、明確に目指す未来と熱意さえあれば、いつでもまた一歩を踏み出すことができます。夢を夢で終わらせない人生を共に創りましょう。

クライアントさんの声:

大手メーカー勤務　源田太朗さん　38歳（コーチング継続歴3年）

　コーチングでは、私が幼い頃から好きなレオ・レオニの名作『スイミー』の物語を題材に、温かな雰囲気の中、何度も対話をさせていただきました。深く感情に寄り添っていただきながら対話を重ねる中で、自分自身の確固たる「軸」を発見できたことは、一番の収穫だと思っております。この軸とは、自身の強みや目指す姿、そして目指す過程で何を大事にすべきかということです。

　もしコーチングを受けていなかったら、一人暗闇でさまよっていたと思います。目指したい姿を頭の中に具体的なイメージとして残せたおかげで、道に迷いそうになった際には現時点の状況を客観的に見つめ直すことができました。また、自身の強みである「人とのつながり」を思い出し、何度も前を向くことができました。今では担当するグローバル案件も増え、複数のプロジェクトリーダーも任せていただいております。

　さらに、コーチングを通じて自身の思考の癖やパターンにも気づけたことで、世界の見え方が大きく変わり、思い切った行動も取れるようになりました。目指す姿を具体化したい方や、少しでも現状を変えたい方にお勧めです！

〈プロフィール〉志鎌 あかね（しかま あかね）

ライフキャリアコーチ
幼少期を米国で過ごす。本田技研工業株式会社で約10年の間に、海外営業や物流、人事の仕事を経験。人事部では、新入社員から次期グローバル経営幹部候補まで幅広い層の人材育成に携わる。米国のリーダーシップ開発機関や欧州に拠点を置くビジネススクールとも協働。在職中に経験した不妊治療をきっかけにキャリア支援のプロとなることを決意し、独立へ。現在は、キャリア研修講師や次世代リーダー育成支援等にも携わる。

コーチ歴	2020年から	セッション人数	約60人
コーチング時間	約330時間	主なお客様の年齢層・性別	30代〜40代 男性・女性
活動拠点	埼玉／基本はオンライン対応となりますが、対面でのご相談も可能です。		
資格	米国CTI認定CPCC：Certified Professional Co-Active Coach 国家資格キャリアコンサルタント キャリア・デベロップメント・アドバイザー（CDA） 全米ヨガアライアンスRYT200		
主な相談のテーマ	・キャリアデザイン、キャリア形成 ・組織マネジメント、リーダーシップ、部下育成 ・転職、起業、独立 ・海外赴任：マネジメント、生活、語学、帰国後のキャリア等 ・妊娠、出産、子育て		
コーチング商品および価格（時間・回数）	・体験セッション：5,000円（税込）／ 60分 ・初回導入セッション：17,000円（税込）／ 90分 ・通常セッション：12,000円（税込）／ 60分 × 5回＝60,000円（税込） 詳細はホームページをご確認ください。 *法人様向けサービスは別途お問い合わせ願います。		
コンタクト方法・連絡先	ホームページ：https://life-tree-sofia.studio.site LinkedIn：https://www.linkedin.com/in/志鎌あかね note：私がライフコーチとして生きる選択をした理由　ホームページ　　　　　note		

コーチングでなりたい自分へ
〜いつでも自分らしく豊かな美人生を〜一人ひとりが輝ける社会づくり〜

コーチングで人生の転機を経験
可能性は無限大∞ Pay it forward

赤川美佐子

キャリア形成の原点

　私のキャリア形成の原点は、大学3年の時に英会話スクールで就職支援をしていた先生との出会いでした。先生は元客室乗務員で、華やかで洗練されたその立ち居振る舞いに一目惚れ。そこから客室乗務員を目指すようになりました。しかし、就職氷河期だったこともあり、どこの企業も採用がなく就職活動はなかなかうまくいきませんでした。大学の就職支援センターでは「もっと地に足をつけて考えて」と航空会社への就職活動を反対されたこともありました。少ない面接の機会を大切にしたいと、面接練習に加えて日々の暮らしの中での意識や立ち居振る舞いにも気をつけ、接客のアルバイトや英語学習にも力を入れました。その甲斐もあってか、なんとか内定をいただくことができました。サポートしてくださった先生の存在と就職活動に苦労した経験から、ゆくゆくは就職支援に携わりたいと漠然と思っていました。

　その後、30代になり国際線客室乗務員として勤務していた時に二人の子どもを出産。育児休暇を取得した後、職場復帰しました。同期はすでに社内資格を取ってチーフなどへ出世していたので、休んだ遅れを取り戻したい、何かスキルを身につけたいと思っていました。また宿泊を伴う勤務から、仕事と家庭の両立にも悩み始めていました。長い時には4

日間家を空けるため、さまざまなところに歪みが生じていたのです。

コーチングとの出合い

　そんな中、インターネットで検索していてコーチングを知りました。そこには「コミュニケーションスキルが身につく」「なりたい自分になれる」と書いてありました。接客スキルの向上や将来何かの役に立つかもしれないと、すぐにコーチングが学べる講座を調べて申し込みました。

　講座ではスキル習得と共に、自分自身を整えるために自分と向き合う機会が多くありました。コーチングでは、自己基盤といって自分（コーチ）自身の在り方を大切にします。コーチの心が乱れていたら、それがクライアントにも伝わり、ニュートラルで良いセッションができないからです。

　この間に自分と深く向き合い、自分の価値観や大切なことは何か、どう在りたいかを見直しました。それまでは「いつか」就職支援に携わりたいと漠然と考えていましたが、「いつか」ではなく「今」やらない理由は何かを熟考し、自分にとって本当に大切なことは何かを明確化したことで、未来に向けての行動は加速していきました。素の自分と向き合うのは時に辛く、涙することもありましたが、周りに支えられて、自己探索を進めていきました。

　講座が修了して数カ月後、仕事のタイミングを見て転職を決意しました。苦渋の決断でしたが、将来への道筋が見えたこと、職場の人に恵まれ「いつでも戻っておいで」と声をかけていただいたことも、退職を決断できた一因でした。サポートしてくれた先輩や同僚、講師やコーチ仲間にはとても感謝しています。

念願の就職支援、キャリアデザインコーチへ

　その後、それまでの経験と学びを活かしてプロコーチ・キャリアコン

サルタントとして就職・転職・キャリア支援業務に転職しました。具体的には、客室乗務員の転職支援の人材会社でのキャリアコンサルティング・コーチ業務、コーチングスクールや大手英会話スクール、エアラインスクール等での講師業、個人での活動も行っています。最近では、銀座コーチングスクール羽田校を立ち上げて運営にも従事しています。どれもコーチングを習得して1つひとつ経験を積んで達成してきたものです。少しずつですが、これまでの点と点がつながり、形になってきたのを実感しています。

コーチを始めて大変だったこと

　航空会社を退職してから個人事業主となりましたが、異業種からの転職で知識もコネも何もない状態だったので、最初はとても大変でした。コーチ業や講師業、運営などまったくの未経験、どうやって活動を進めていけばよいかわかりませんでした。そのため、最初は学びだと思って仕事をいただけたらできる限り何でも挑戦してきました。コーチやキャリアコンサルティング業務、講師業に加えて、事務、HP作成、広報、ライター業務、翻訳業務、運営など一通り経験し、仕事の幅を広げて今に至ります。目の前のことを一生懸命やっていれば何かしら道は開けてくると思います。

コーチとしての強みとコーチングへの想い

　就職・転職・キャリア支援を中心に、コーチングに加えてキャリアコンサルティング、イメージコンサルティング、英語教育に従事し、英語資格の相談に乗ったり、服装やメイクのアドバイス、お買い物同行をすることもあります。また、プライベートでは、家族の看護や育児を経験し、多角的な視点からクライアントさんをサポートできるのが強みです。

　『可能性は無限大∞ Pay it forward』。これはコーチングを始めてから

128

大切にしている言葉です。誰もが未知なる可能性や力を秘めていて、それを引き出すのがコーチの役目。私もこれまでさまざまなサポートを受け、価値観や可能性を引き出してもらいました。これからはPay it forward（恩送り）の意味も込めて、一人でも多くの方が理想とするキャリア形成・人生設計ができるよう支援していけたら本望です。

クライアントさんの感想

【20代女性】

　深くまでお話ができたことがとても良かったです。1つひとつの話を丁寧に聞いてお答えいただいて感謝です。

　これからもっと成長して尊敬するミサさんのようになれたらと思っています。これからも宜しくお願いします。

【30代女性】

　うまくいかないこと、時間がないこと、子どもが小さいことなど、いろいろな理由からこぼしていた愚痴。それを聞いてもらうところから始まり、終わる頃にはスーッと道が拓けて前に進めるような、不思議とスッキリした気持ちになりました。何かを助言してもらったというより、自分の中に潜んでいた考えを引き出してもらえたような感覚が。結果、自分で引き出した解決法や考え方で前向きに、そしてエンジンがかかったように！　感情は前向きになったものの、脳みそはかなり疲労した感覚がありました。でも、その疲労を忘れるくらい、大きなものを得た気がします。感謝です！

〈プロフィール〉**赤川 美佐子**（あかがわ みさこ）

神奈川県平塚市出身。横浜市在住。
大学卒業後、国内線・国際線客室乗務員として乗務。育児休暇のブランクやキャリア形成に悩んでいた際にコーチングと出会い転機を迎える。外資系証券会社総務受付マネージャー職、エアラインスクール講師、大手英会話スクール講師の経験もあり。
現在はプロコーチ、キャリアコンサルタント、イメージコンサルタント、講師業、CA転職支援の人材会社チーフ職など、主に就職・転職・キャリア支援に携わる。現在３人の子どもの育児中で、ワークライフバランスや育児相談も行っている。

コーチ歴	2016年から	セッション人数	——	
コーチング時間	——	主なお客様の年齢層・性別	20代～50代 男性・女性	
活動拠点	東京都、神奈川県／対面・リモート、どちらも対応可			
資格	ICF認定コーチ（ACC） 銀座コーチングスクール認定講師、アセッサー 銀座コーチングスクール認定プロフェッショナルコーチ 国家資格キャリアコンサルタント JCDA（キャリアデベロップメントアドバイザー） TOEIC®915点 イメージコンサルタント　／　マナープロトコール検定2級 マナー検定 上級　／　上級心理カウンセラー メンタル心理カウンセラー　／　マクロビオティックセラピスト 食生活アドバイザー			
主な相談のテーマ	・就職、転職活動　・セカンドキャリアや起業、キャリアアップ ・人材育成や教育関連　・資格取得や目標達成 ・ワークライフバランス　・人間関係　・育児　・将来について			
コーチング商品および価格（時間・回数）	体験は30分5,500円（税込） コーチング1時間16,500円（税込）			
コンタクト方法・連絡先	ホームページ：https://skywayflyhigh.com メール：skyway.com48.flyhigh@gmail.com リンク：https://linktr.ee/miaskyway LINE@：eny1807g コーチング体験講座			

「人生で起こるすべての経験をプラスのキャリアに」をモットーに、私はあなたらしい人生を歩むための最強の応援者となります。

ライフイベントで得た経験を人生のプラスのキャリアに

Millefeuille life ／河合麻美

■ コーチングが「自分にOK」を出すきっかけに

　34歳で3、4人目となる双子を出産し、理学療法士として仕事と育児の両立をする中で育児の壁にぶつかり……精神的に行き場がなくなり、駆け込み寺のようにたどり着いたのが「育児コーチング」でした。そこで、子どもとのコミュニケーションをはじめ、母である前に一人の人間として「自分らしさ」と向き合うことになり、実はそれまで自分がコンプレックスに思っていたことが「強み」であることを知り、ずっと劣等感の塊だった私が「自分にOK」を出せるようになりました。

■ 人生のライフイベントをプラスのキャリアに

　24歳で結婚し、30歳で離婚。34歳で再婚をして、女二人・男二人の4児の母となりましたが、人生は本当に想定外のことばかりで思うようにはいきませんでした。仕事、結婚、育児、病気、介護など人生で起こるさまざまな経験と感じた思いは、きっと内的キャリアとして自身の糧になっていると思います。自信とは「自分を信じる」こと。もしも自分に自信をなくしていても、今は好きになれなくても大丈夫です。コーチが一緒に伴走し、あなたが自分を信じることができるようになるために、コーチングを通してエールを送り続けます。

もっと自由に！ 自分の枠をつくっているのは自分

　25年間、日赤病院リハビリテーション科で理学療法士として勤務してきましたが、医療と地域をつなぐ活動がしたいと退職し、2019年NPO法人ReMindを設立しました。10年前にはまさか自分が病院を飛び出すなんて考えてもみませんでしたが……今思えば、自分の枠を自分で決めていたのだと感じます。自分がやりたいことや働き方。もっとこんなサービスがあれば……そう思うものがあったら、一度言葉にしてみませんか？　頭で描いたものを一緒にビジョンメイキングして形にしませんか？　発想や妄想に制限はありません。あなたにだから描ける、歩める道がきっとあると思います。

コーチングを受けた方からの感想

　私は河合コーチからコーチングを受けたことで、自分が進みたい分野を見つけることができました。また、それは私自身の自信にもつながりました。なぜなら、コーチが私の思いを深く傾聴し、私一人では気づけなかった必要なことと不必要なことに目を向けさせてくださったことで、

ビジョンが明確になり、自分自身で取捨選択する力となったからです。また、河合コーチの言葉や存在がいつも次のステップに進む勇気となっています（K.Kさん理学療法士）。

本物の自分に出合い、ソーシャルファミリーをデザイン

　私が初めてコーチングという言葉を聞いた時、アドバイスや何かを教えてもらうイメージをしていましたが、いざ実際にコーチングを受けてみると、いろいろな体験によってつくられた自分から「本物の自分に出会う旅」のような時間でした。それまで、人からどう思われるだろう？と一歩前に進めなかった私でしたが……河合コーチとのコーチングを通して見つけた「自分らしさ」を大切に、福祉活動や居場所づくりをスタートすることができました。今ではコーチングを通して、ソーシャルファミリーをデザインし発信しています（S.Tさん　介護福祉士）。

人生に決まった意味なんてない。あなた自身が決めること

　人生は自分が選んだ経験だけでなく、まさかの事態もつきもの。結婚、出産、育児、転職、起業、闘病、介護など何度も人生の岐路に立たされることがありますが、でも人生に無駄な経験はないと思います。仏教では「人生に決まった意味なんかない。それはあなた自身がつくっていくのだ」と言われますが、起こった出来事をどう捉えて、どう自分の糧にしていくのか？　世の中で起きることの良いことも悪いことも、モノには全部二面性があり、一見良いことのように見えてもそれが災いとなることもあるし、失敗が今後の成功につながることもありますよね。だからこそ、今、目の前で起きたことを自分がどう感じるかが大切なのだと思います。私自身も子どもの頃に母の闘病、障がいと向き合うヤングケアラーとして生活し、理学療法士となりたくさんの患者さんと向き合い、離婚、再婚を経て4人の子どもを育てる中で「生きていること自体に価値がある」と感じますし、人生いつでもやり直せると思っています。あなたが次のステージをどんな風に過ごしたいか？　どんな人生にしたいのか？　一緒に未来を描きませんか。皆さんとお話しできる機会を楽しみにしています。

〈プロフィール〉**河合 麻美**（かわい まみ）

1972年2月14日　埼玉県さいたま市出身。
コーチ、理学療法士、NPO法人ReMind代表理事、リハビリ
ママ＆パパの会代表
4児の母（女二人、男双子）、離婚・再婚経験あり。日赤病院
リハビリテーション科に長年勤務し多くの患者さんと関わる
中で、医療と地域の中間地点をつくりたいと2019年NPO法
人ReMindを設立。2023年さいたま市にまちの保健室「Human
Bouquet」をオープンした。

コーチ歴	2019年4月〜	セッション人数	約50人
コーチング 時間	約200時間	主なお客様の 年齢層・性別	20代〜60代 男性・女性
活動拠点	埼玉県・東京都内／対面・リモート、どちらも対応可		
資格	一般社団法人コーチングプラットフォーム認定コーチ、理学療法士 ストレングスラボ 基礎・応用修了、埼玉県立大学IPWコース修了		
主な相談の テーマ	・人生のキャリアデザイン（仕事と家庭の両立、働き方、転職、起業） ・自分らしさ発見（自己肯定感向上、自分のトリセツづくり、自分を好きになる） ・人間関係の悩み（職場、パートナー、子ども、友人など）		
コーチング商品 および価格 （時間・回数）	・単発コーチング、月1回定期コーチング（3カ月、6カ月、1年間） ・コーチング料金1時間 12,000円〜（詳細はお問い合わせください。会員割引制度あり）		
コンタクト方法 ・連絡先	ホームページ：http://millefeuille-life.com メール：info@millefeuille-life.com		

「人の成長を支援し、一人ひとりが主体的に生きる組織・社会の発展に貢献」を使命に、あなたが光り輝いて生きるサポートをします。

キャリアを構築し、望む方向に進むためのサポート

サポートオフィスN　代表／鈴木典子

　私は、岩手県を中心に、キャリアカウンセリング（キャリアコンサルティング）、コーチング等人材育成と行政書士の仕事をしています。個人や組織を支援することを通し、関わる人々、組織・企業が、それぞれの存在価値を大事にしながら、望む方向に進むサポートをしたいと思っています。

　キャリアは、狭い意味では職業や仕事を中心に捉えています。広い意味では、生活や生涯を見渡し、さまざまな人生の役割を含め、「人生そのもの」と捉えています。私は、どちらも大切だと思っています。

災害・非常時から自分が望むキャリアを生きるには

　近年の予期せぬ自然災害、事故・事件等に心が痛みます。

　私自身も、2011年3月11日、陸前高田市で東日本大震災に遭いました。周囲の方も大変な状況です。日常であれば、身近な人に相談できるようなことも躊躇してしまいます。また、「このような状況で何もできない……」「もっと大変な思いをしている人がいるから我慢するしかない……」、そのような思いを抱えることもまれではありません。震災前から私は、PHP研究所ビジネスコーチ養成講座で学ぶと共に、盛岡市在住のコーチにコーチングセッションを受けていました。震災後、コーチは、私の話に耳を傾けてくれました。

話を聞くということは、表層的な事象だけでなく、さまざまな背景や深いところの悲しみや痛み、もがきに寄り添うことで、今ここの課題をクライアントさんと一緒に見ることができると思います。その段階を経て、前を向く準備ができ、小さな光を見出し、望む姿が見えてくる瞬間があるように思います。セラピーやキャリアカウンセリングの場面でも同様のことがあるのかもしれません。

　そして、望む姿（なりたい姿・理想の姿）をさらに明確にし、その望む姿に進むための自分の内側・外側のリソースなどを、会話を紡ぎながら共に探求し、行動に移していく。一歩踏み出し、望む姿に進んでいくことに伴走し、クライアントさんが自走していくことをサポートするのが、コーチの役割であり、それによりコーチングが機能し、クライアントさんの望む姿の実現が促進されると考えます。

　キャリアをデザインすることにとどまらず、キャリアカウンセリングとキャリアデザイン・自走するまでのコーチングを統合していくことで、キャリアコーチングがより効果的になると私は思います。

　かかりつけ医を持つように、非常時等いつでもセッションを依頼できるコーチを見つけておくことも大切だと思います。

▌教育におけるコーチングの可能性

　私は、学校事務職員として県立学校に勤務しました。そこでのできごとです。先生に車椅子を押してもらっている生徒を目にしました。その時、廊下で、先生がその生徒に、自力で車椅子での移動ができるようにトレーニングを始めたのです。数日後、20cmほど移動できました。そして、数カ月後は、校舎内を自由に移動できるようになりました。トレーニング中は、「今日は、ここまで移動してみようか」と小さな目標を掲げ、達成すると、承認し、さらに目標を高く、ストレッチし、達成していく様子を見て、生徒の無限の可能性を信じ、生徒の能力や意欲・やる気を引き出す先生の姿勢に、コーチとして学ぶことが多々ありました。

　一方で最近、次のようなことにも出合いました。私は、就職ガイダンスに携わっています。仕事に興味を持つことを意図し、「皆さんが、知っている職業をいくつでもワークブックに書いてみましょう」と生徒にお願いしました。その際、生徒に対して、「あなたは3つしか書けないのか。10は書きなさい」と指導した先生がいました。すると、生徒のペンが止まり、委縮したようにも見えました。私は、生徒が仕事に目を向けたこと、3つ書いたことを承認したいと思いました。そこで、「いくつか書いていますね。他にも見つかりそうですね。テレビや新聞、本などから知った仕事は、何ですか？」と問いかけました。生徒は、「ああ〜！」と明るい表情でいきいきとペンを走らせました。先生は、生徒との信頼関係があり、もっとできると信じているからこそ、10という目標を掲げ、成長することを願って、指導した言葉だと思います。コーチングは、目標やなりたい姿を描くとともに、意欲的に行動し目標を達成していくことを大事にします。では、やる気、意欲は、どのようなところから湧き上がるのでしょうか？　やはり、認めるということが重要だと思います。それによって、自己肯定感が高まり、やる気や意欲につながり、さらには、自発的に行動していくように思います。コーチングが万能とは言い切れませんが、教育の専門性にコーチングにおける在り方やスキルが触媒となることで、何かしらの変容が生まれることもあるかもしれません。

　私が勤務していた頃も、先生方の多忙化が問題になっていました。現在も大変な状況の中、教育に携わっている先生方一人ひとりには頭が下がる思いです。多忙を極めていると、自己肯定感や存在価値が揺らいでいくことがあるとも言われます。先生方が今より少しでも軽やかに教育に携わることができるようなサポートをすることが、何かしらの助けになるのではないかと考えます。そして、ご自身の仕事の価値を再認識し、専門性を活かし、なりたい教師像に向かい、いきいきと教育活動を実践していただきたいと思います。

〈プロフィール〉**鈴木 典子**（すずき のりこ）

岩手県陸前高田市に生まれる。40年間、県職員として働き、退職後、コーチ・キャリアコンサルタント・セミナー講師・行政書士を起業する。
県立学校在職中に東日本大震災に遭い、未曾有の困難から、お互いサポートし合い、復興していくプロセスを体験する。
人材育成・人間関係について体系的に学び続けている。
所属団体：中小企業家同友会、陸前高田商工会
　　　　　岩手県行政書士会

コーチ歴	2018年から	セッション人数	——
コーチング時間	——	主なお客様の年齢層・性別	30代〜60代 男性・女性
活動拠点	岩手県・宮城県北／対面・リモート、どちらも対応可		
資格	行政書士 PHP認定ビジネスコーチ 米国NLP協会認定NLPマスタープラクティショナー キャリアコンサルタント JCDA認定CDA（キャリア・デベロップメント・アドバイザー） 産業カウンセラー PHP認定チームコーチ PHP認定研修インストラクター 交流分析士インストラクター 交流分析士1級 筑波大学「ライフキャリア構築を目指す女性のための心理学プログラム」修了		
主な相談のテーマ	・キャリアコーチング ・職場の人間関係 ・目標達成・課題解決		
コーチング商品および価格 （時間・回数）	パーソナルコーチング　10,000円〜／60分 ビジネスコーチング　　10,000円〜／60分以上、要相談 学生　　　　　　　　　5,000円／60分		
コンタクト方法・連絡先	メール：support.n@vega.ocn.ne.jp TEL：0192-55-2285		

3-7 コーチングのモットー、大切にしていることなど

> 「英語で自信を。人生に選択肢の自由を。」がモットー。英語ができる自信と楽しく独力で英語が続けられるようにあなたを導きます。

オーダーメイドの学習法で、「英語を話せるようになりたい！」を、わずか数カ月で達成！

Erainbows　代表／長岡久美

一人ひとりに適した最短最速の英語学習を提案しゴールまで伴走

　英語を話せるようになりたいけれど、教材が多すぎて何をどう勉強すればいいかわからない。これまで何年もお金を注ぎ込んで英語を勉強してきたけれど話せるようにならない。そんな悩みを持つ方は多いのではないでしょうか。

　私がまさにそうでした。「英語が話せたらいいな」という憧れから、神戸市外国語大学に進学。受験英語は得意でしたが、机上の勉強だけでは英語を話せるようにはならないと思い知りました。ワーキングホリデービザでオーストラリアに1年間滞在しましたが、海外に行っただけでは英語は上達せず、日本国内で悪戦苦闘の末になんとか少しずつ英語が話せるようになってきました。その後、海外の旅行会社で働いたり、バックパッカーとして世界中を一人旅しました。遠回りはしましたが、英語を話せるようになったことで見える世界が変わり、自分の人生の可能性が各段に広がったことを身をもって体験できたのです。

　このような体験から、一人でも多くの人に英語の魅力を伝えたくて英会話スクールに10年間勤めましたが、上達せずにやめていく受講生が多い現実を目の当たりにし、非常にもどかしい思いをしていました。そん

な時に出合ったのが「英語コーチング」でした。

受講生一人ひとりのゴールを明確に設定した上で、その人に適した最短最速の英語学習をオーダーメイドで提案し、ゴール達成まで伴走するのが英語コーチングです。

英会話スクールでは画一的に正しい英語を教えることしかできませんでしたが、英語コーチングに出合って、「これこそ私の求めていたことだ！」と衝撃を受けました。

コーチングだけでなくティーチングもできることが私の強み

私の英語コーチングでは、本人のレベルやお悩み、目指すゴールやライフスタイルに合わせて最適な学習方法を提案し、学習が継続できるようにサポートしていきます。その人にぴったりの勉強法さえ見つかれば、必ず成果は上がります。成果が上がれば意欲が高まり、さらに成果が上がります。この好循環によって、最短最速で各自が求めるゴールに到達できるのです。

英会話初心者の方の場合、会話に必要な英文法や発音、リスニングなどについては、コーチングだけでなく、個別カリキュラムを作成し、ティーチングも行います。

それにより、長い間「英語は苦手」と思われていた方こそ、「英語は楽しい！　私にもできる！」というやる気と自信を手にしていただいています。

もう1つ私の英語コーチングならではの大きな特長は、講座期間中の英語の非常に速い上達だけでなく、受講者自身でセルフコーチングできるようになることです。

英語学習には終わりがありません。英語が話せるようになっても使わなければ忘れてしまいますし、一度ゴールを達成するとさらに上のゴールを目指したくなるものです。ですから、いずれは、コーチがいなくても自分で学習計画を立て、自分でモチベーションを維持しながら学習を

続けていけるようになっていただきたいのです。

　受講生の多くは、3カ月から4カ月で成果を上げてコーチング講座を笑顔で卒業していかれます。「これからは私一人でも頑張れそうです！」と言っていただけるのが何よりも嬉しいですね。

3〜4カ月で英語以外にも目覚ましい成長を遂げた方たち

　これまで20年間で2,600人以上の方の英語上達を指導してきましたが、3カ月間のコーチング講座修了後、英語を使う仕事に転職された方もいますし、TOEIC®のスコアが、4カ月で310点から610点に上がった方もいます。「ハロー」と言うだけで緊張して固まっていた方が、4カ月後には外国人と英語で60分もフリートークができるようになった例もあります。他にも、5年・10年かけても得られなかった成果をわずか数カ月で手にされていく方々をたくさん見てきました。

　私が感動するのは、英語を話せるようになるだけでなく、自分に自信が持てるようになったり、新しいことにチャレンジしようとされたりと、皆さんの人生が、英語をきっかけに大きく変わっていくことです。受講生の皆さんがどんどんポジティブに変わっていく姿を拝見すると、私も心から嬉しくなります。

　英語を話せるようになると、仕事の選択肢や人との出会いが増えて、人生の可能性が大きく広がります。私自身、英語を話せるようになったことで自己肯定感が向上し、自信も持てるようになって確実に人生が変わりました。

　そしてさらに、英語が上達していく過程にも素敵な学びと楽しみに出合えます。何より学びそのものが楽しみなんです。英語は、失敗しても間違ってもいいんです。また英語にはゴールがありません。完璧でなくても臆することなく、世界とつながれる〝道具〟を、講座修了後も楽しみながら少しずつ手に入れていただきたいのです。

　また、2023年より、英語コーチの方を対象とした「英語コーチの寺子

屋」というスキルアップ講座もスタートしました。

「起業しても続かない」。そんなお声に応えるべく、人気と実力を兼ね備えた英語コーチを育成する講座です。

　私は英語コーチや講師としてだけでなく、これまで長く教材開発や講師育成の現場にも携わってきましたので、そのノウハウも含めて英語コーチの方にお伝えしたいと考えています。

　これからも「英語で自信を。人生に選択肢の自由を。」をモットーに、英語のチカラでたくさんの夢を叶えるサポートをしていくことが私の願いです。

〈プロフィール〉**長岡 久美**（ながおか くみ）

兵庫県出身。
留学経験なし、純国産バイリンガル、TOEIC®970点、目標
達成率95.8%のオンラインの英語コーチ。
現役英語コーチのためのスキルアップコンサルコーチとして
も活動中。
外大卒なのに英語が話せない英会話コンプレックスから、ほ
ぼ国内で英会話を独学でマスター。国内外旅行会社勤務を経
て、英語講師10年。0歳〜77歳まで2,600名以上をサポー
ト。海外一人旅3年以上、NZ永住権を独力で取得。

コーチ歴	2018年から	セッション人数	約180人
コーチング時間	約2,000時間	主なお客様の年齢層・性別	20代〜60代 男性・女性
活動拠点	愛知県／オンラインで全国対応可能		
資格	TOEIC®970点 総合旅行業務取扱主任者資格 ストアカ　プラチナ講師 アドラー流メンタルトレーナー資格 方眼ノートトレーナー資格 TCSコーチングスクール認定コーチ資格		
主な相談のテーマ	・（英語は苦手、初心者だけれど）今年こそ英会話ができるようになりたい！　英語で選択肢や価値観を広げたい！ ・就職や転職に必要なTOEICを取得したい！ ・（英語コーチとして）自信を持ってクライアント様をサポートできるコーチングスキル、学習戦略スキル、集客方法を知りたい！		
コーチング商品および価格（時間・回数）	○英語コーチング講座　3カ月、4カ月、6カ月 ○「英語コーチの寺子屋」英語コーチのためのスキルアップ講座　6カ月 セッション回数、学習方法、価格はすべてオーダーメイドのため、お問い合わせください。		
コンタクト方法・連絡先	Instagram：https://www.instagram.com/kumi.eigorainbows/ 　　　　　　：https://www.instagram.com/eigo.sensei.coach/ メール：eigorainbows@gmail.com		

第 4 章

組織やビジネスの
リーダーを支援する
「リーダーシップコーチ」
おすすめの14人

変化が激しい今日の社会では、組織やビジネスを牽引(けんいん)するリーダーにとって、自分軸を持つことと同時に柔軟性も求められます。リーダーシップコーチは、リーダー自らが自分と向き合い強みや弱みを理解し、リーダーシップスキルの向上を図るためのサポートを行います。

4-1 コーチングのモットー、大切にしていることなど

信頼関係こそ、確かな成果を生む土台。クライアントさんと共創する良質なパートナーシップで、目標達成を共に目指します。

出合いは、
見知らぬ女性からの紙1枚

TERUコミュニケーションステージ　代表／渡辺照子

　私とコーチングとの出合いは、25歳の時。カナダを旅しようと成田空港へ向かうスカイライナーの中で、隣の席の見知らぬ若い女性から、紙を1枚渡されたことから始まりました。その女性とのつながりから、「コミュニケーション」というものを学び続け、時を経て13年後に私はコーチングを学び始めました。そして2003年に起業し、今はコーチとして、パーソナルコーチングと研修を行いつつ、人材育成コンサルタント業務も行っています。

　コーチングを学び始める前の3年間は、私は中央アメリカ・グアテマラで暮らしつつ、学校講師の仕事をしていました。帰国後は、"一生続けられる本当にやりたい仕事をするのだ"という思いでいたところに舞い込んできた「コーチング」は、自分の天職と思えるほどの存在です。あれから23年間、日々興味深くコーチ業に勤しんでいます。

■ 特色は、ソリューション・フォーカス(解決志向)

　私のコーチングは、「解決志向型のコーチング」を特徴としています。コーチングを学び始めて5年程経過したある時、トレーニングに参加している最中、相手のコーチから、エッジを突き立てたようなフィードバックをもらい、打ちのめされてしまったことがありました。とても

辛く、復活するまでに時間を要しました。この時のコーチに対し、本当に私の応援者だろうか？　という疑いも生まれました。コーチングの際に、コーチとクライアントの間で、今後も起こり得るかもしれないこのような状況は、肯定的未来に向かうには、気づきにつながるというより、かえって遠回りになると感じました。

　このような体験をして、程なく出合ったのが、「ソリューション・フォーカス（解決志向）」です。解決志向は、①原因追究をするのではなく、望む未来を描き、②すでに得ている・できていることに目を向け、③現時点から一歩前に進むためにできる行動は何かを考えて、解決したり到達する手法です。ソリューション・フォーカス型のコーチからクライアントへは、一貫した尊重のまなざしが向けられ、クライアントは安心・安全な中でものごとを考えられるので、左右の脳が伸びやかに活用され、主体的な行動が自然と見出されます。まさに効率的な交換がコーチとクライアントの間に引き起こされるのです。

　私は、ソリューション・フォーカスに深く惹きつけられ、当時日本にソリューション・フォーカスを展開していた株式会社ソリューションフォーカスの青木安輝氏の門戸を叩き、アソシエートスタッフに加えてもらいました。以降、ソリューション・フォーカスのエッセンス（次ページ、図1参照）を盛り込んだコーチングや研修を行ってきました。使用するコーチングのモデルとしては、イギリスのポール・Z・ジャクソン氏とマーク・マカーゴウ氏が開発した、「OSKARモデル」を多用しています（OSKARモデルは、生産現場のライン長が、ラインメンバーの士気を高め生産性を向上させることを目的に開発したシンプルな対話のモデル）。

　特に組織のリーダー向けのコーチングがうまくいっており、リピートしてくれる企業さまが多いです（その他、コーチのメンターコーチングも得意としています）。その背景を紐解くなら、コーチの私が解決志向型のコーチングを一貫して行うことで、クライアントであるリーダーに、ソリューショニストとしての素養が開発され、人と人との間のことをうまく

運ぶことができる解決志向型マネジメントが身につきます。そのマネジメントの成果として、職場に笑顔が溢れ、チームメンバーらのアイデアが浮かびやすくなり、一人ひとりが自ら動きたくなって、それがチームの成果に結びついていくというループが生み出されているからではないかと捉えています。

図1　SFコミュニケーションのフレームワーク
～前向きな対話の構造モデル～

成果
アイデアが湧く　自ら動きたくなる
笑顔が見られるコミュニケーション

コミュニケーションの焦点

リソース　　**スモールステップ**　**肯定的未来**
（既にある良い要素）（すぐに実行できること）（望む未来の内容）

コミュニケーションの基盤(心の態度)

他者尊重　　　　　　**多様性の許容(活用)**
（人の肯定的側面を見る）　（いろいろな在り方、やり方を認める）

株式会社ソリューションフォーカス　青木安輝氏提供

┃ コーチングへの想い

「量は質に転嫁する」というモットーの下、コーチングセッションをたくさん行うことを23年間心がけてきました。また、2003年から現在まで、コーチングを学ぶ人を応援したいという想いから、株式会社コーチ・エイにて、20年以上クラスコーチを担っています。これまでコーチングを続けてきて、「世界中の誰もがコーチングを享受できる社会を創造したい」という想いに至っています。そのためのステップとして、仕事と両立させながら、現在大学院で論文執筆に挑んでいます。コーチン

グへの想いを一言で表すなら、私をここまでいざなってくれたことへの
「感謝」です。

お客様の声
誠実で、大地のようにどっしりと、かつ温かみがあり、抜群の安定感／
定型的なものではなく、共に何かをつくり上げていく感覚／どんな時で
もクライアントの選択を尊重して後押しするぞ！という強い姿勢

〈プロフィール〉**渡辺 照子**（わたなべ てるこ）

1963年、群馬県生まれ。
大学卒業後、群馬県庁臨時職員・公立中学校教員・県立点字
図書館主事、グアテマラ日本人学校講師を経て、2003年に起
業し、TERUコミュニケーショステージ代表となる（2024年
6月に法人化の見込み）。

コーチ歴	2002年から	セッション人数	675人
コーチング時間	8,752時間	主なお客様の年齢層・性別	30代〜60代 男性・女性
活動拠点	群馬県前橋市／対面・リモート、どちらも対応可		
資格	国際コーチング連盟マスター認定コーチ（MCC） （一財）生涯学習開発財団認定マスターコーチ		
主な相談のテーマ	・リーダーシップ開発 ・目的、目標達成 ・夢の実現		
コーチング商品および価格（時間・回数）	1回40分　13,000円＋税金		
コンタクト方法・連絡先	ホームページ：https://www.coach-teru.net/wpcms/ メール：floleon@amber.plala.or.jp TEL：090-5444-6235		

モヤモヤこそ夢と成長への種！　対話で本質を掘り下げ、あなたの
夢を全力で応援します。自身の想像を超えたあなたへ導きます。

クライアントさんの内なる
対話力の向上をサポート
させていただきます

株式会社ライト・ハンド　代表取締役／本合奈緒子

自分の在り方を整えるコーチング

　かつてマネジャーを任されていた会社員時代には、自分の感情に振り
回されてしまうことに悩んでいたのですが、一方では、どうすれば自分
の心を整えることができるのかを模索し続けながら働いていました。そ
んな折に出合ったのがコーチングで、その魅力は「自分の心の声に気づ
けるようになると人生が変わってくる」という点にありました。なぜ
今、心がザワザワしているんだろう？と自分を客観視できるようになり
ました。これは自分に向いていると直感し、興味を覚えてさらに学んで
いくと、自分と対話する言葉の変化に伴って見える世界が変わってくる
という体験ができました。このような気づきを、自分と同じような悩み
多きリーダーの人たちにも伝えていってお役に立ちたい、そんな思いか
らコーチになろうと決心しました。

リーダーは聴く耳を持とう

　ビジネスリーダー向けのセッションで、「今、どういうことに苦労さ
れていますか？」と伺うと、なかなか思い通りにいかないチームマネジ
メントの難しさや、職場の人間関係の悩みなどをよく口にされます。そ

して、さらに話を掘り下げていくと、リーダー層に共通するある問題が浮き彫りになるのです。それは「リーダーは、まず自分の話をちゃんと聴いてもらった経験がない」ということでした。コーチとして真剣に「あー、話をしっかり聴いてもらえるって、こんなに安心できることだったんだ！」と気づかれるのです。この体験と意識変容によって、これまで一方的に話すことしかしていなかったリーダーが、部下の話を真の気持ちのところまで配慮しながら聴けるようになっていかれます。そこからチーム内に信頼関係や一体感が生まれてくるのです。もちろんビジネスですから、緊急時には情報収集型の聴き方、つまり５Ｗ１Ｈを中心に効率面重視で聴いて指示・命令を出す場面も必要です。私は自分自身の体験からも、日頃のコミュニケーションでは「対話の８割は相手が話す。相手の心理面重視で肯定的に聴く。こうして対話の質を高めると組織力が高まる」ということに気づけるようなコーチングセッションを提供しています。ポイントは、「相手が本当に話したい本音を話せているか」ということです。「答えを出すのはどちらなのか」を大切にしています。緊急時には上司が答えを出すことも重要です。日常の1on1ミーティングなどでは、「相手の中に答えがある」というコーチングの基本的なスタンスが重要になると思います。このような関係性を大切にしたコミュニケーション力は心理的安全性にもつながっていきます。

　実際のセッションでは、仕事ができるリーダーは自分の弱みなどを私には話しません。本音を引き出すには、「どのような点がうまくいっていますか？」「どんな工夫をされていますか？」といった視点で話を聴いています。そのうえで、「なるほど。では、その状態をさらに良くしていくためには、どんなことが課題となりますか？」という質問をするとさまざまな問題や課題に気づいていかれます。相手の方によって柔軟に対応を変えていける能力も、コーチやリーダーには必要になりますね。

内なる自分との対話

　さらに、私がコーチングで大事にしていることは、聴く耳を持つことの大前提となる「自分の心を整えることや、自分の人間的な土台づくりをする」という観点です。つまり、自己基盤で整えるということです。これは、私自身の課題でもあると同時に、リーダーの方にもそういう意識を持っていただきたいと常に思っています。

　日常のビジネスシーンにおけるリーダーの言動は、ほとんど無意識に行われていて、その行動のベースになっている「自分自身の思考や感情」には気づいていないことが多いのです。頭では「相手の話を聴くことは大事だ」と思っていても、つい「それじゃだめだよ」とか自分の価値観で相手によかれと思って話してしまいます。そういう自分の心の無意識な反応を冷静に観察することがいかに大切であるか、そこに気づくことがリーダーシップコーチングでは、最も重要な点だと私は考えています。リーダーとは相手の良さを引き出すことも仕事ですので、ビジネスリーダーの方に、「その考え方は本当に部下のためになっていますか？」といった質問やフィードバックを繰り返すことで、次第に自分の心の声と対話ができるようになり、自らの心を整え、素直でしなやかに対応できるリーダーへ向かっていかれるのです。

　このようにして、自分でも気づいていなかった「無意識に動く自分」や、「本来の自分」へ、自分を紐解いていくことがコーチとしての私の使命になります。内なる自分との対話力を高めることで、素敵なチームを構築しエグゼクティブクラスに成長していっていただきたい、コーチとしてそのお手伝いができれば嬉しいです。

　自分自身を整えてパフォーマンスを発揮していきましょう。

　コーチングで、自分の想像を超える未来を一緒に創りましょう。

　全力で応援します。

〈プロフィール〉**本合 奈緒子**（ほんごう なおこ）

1965年10月12日生まれ。東京出身。
1988年大手機械メーカー一般職入社、総合職転換、2014年管理職、女性管理職育成メンター。
2010年〜コーチングを学ぶ。2014年米国GALLUP社認定ストレングスコーチ、2022年国際コーチング連盟マスター認定コーチ。2022年〜株式会社ライト・ハンド代表取締役。

コーチ歴	2011年1月から	セッション人数	約300人
コーチング時間	約2,800時間	主なお客様の年齢層・性別	40代〜60代 男性・女性
活動拠点	オンライン、対面（原則東京近郊）　ご相談ください		
資格	国際コーチング連盟マスター認定コーチ（MCC） 米国 GALLUP 社認定ストレングスコーチ		
主な相談のテーマ	自己実現、自己基盤、ストレングス、自己成長、キャリア、ワークライフバランス、リーダーシップ 経営理念の浸透と自発的な組織への変革、マネジメント、組織の目標達成、女性の活躍		
コーチング商品および価格（時間・回数）	パーソナル、エグゼクティブ、ストレングス、自己基盤強化、ソウルリーディング パフォーマンス発揮、チームビルディング、リーダーシップ、メンターコーチング ＊参考料金 1回　45分　30,000円（税別）〜 エグゼクティブ（経営者）の方　1回　45分　50,000円（税別）〜 コーチングは月2回3カ月〜を推奨しています。 企業契約は料金が異なりますので、ホームページの問い合わせフォームよりご相談ください。		
コンタクト方法・連絡先	ホームページ：https://hongo-right-hand.com/ メール：info@hongo-right-hand.com		

成果重視！　距離感を保ち、360度観察で柔軟にサポート。あなたが思いつかないプロセス・アイデアで新たな視点を提供します。

行動を促進させる図解の力

エグゼクティブコーチ／町屋陽平

　ある卸売業の企画開発室室長のＡさんとのコーチングの事例をご紹介します。

　Ａさんは、食品加工というこれまで経験したことのない新規事業の立ち上げに挑みます。

あいまいな考えを図にして可視化する

　Ａさんは、新規事業のビジョンや構想を持っていましたが、それを具体的にどう実現するのか、社内や外部にどう伝えるのかに悩んでいました。

　私は、Ａさんの頭の中に散らばっている思いやアイデアをじっくり聞いて、ホワイトボードへ図にして描いていきました。

　その図を見てＡさんは、

「すごい！　頭の中で散らかっていたことが明確になりました！

　しかも、ロードマップに従って何をするのかが見えてきました！

　それに、この視点は見落としていました。大事な視点ですので、気づけて良かったです！」

と、興奮気味に話しました。

あいまいな考えを図にして可視化する

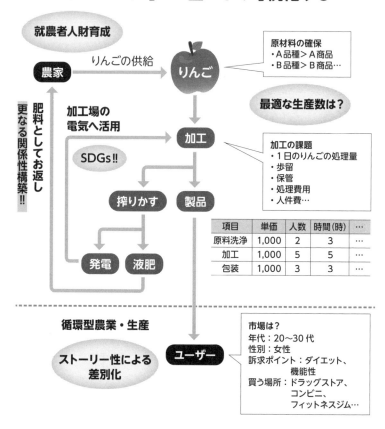

私はさらに、工場の生産性、原価構造、加工工程のリスクやロス、将来の市場など、Aさんのこの新規事業に対する思いと、重要にしたいことを大事にしながら、具体的な言葉と共に図に描き起こしていきました。

この時一緒に作った資料は、社長への説明に非常に役に立ちました。また、社内だけではなく、工場設備会社や銀行との交渉にそのまま使

うことができたため、話をスムーズに進めることができました。

　また、初期投資のコストダウン効果も生まれました。

　最初は、1億3,000万円を予定していましたが、8,500万円の投資でも収益を確保でき、設備を有効活用できることがわかりました。

　初期投資を35％抑えたことで、稼働開始までの期間も1年から6カ月へと短縮することができました。

　そして、2024年4月に着工予定の新工場の建設に向けて準備を進めました。

図で可視化すると物事の本質が自然と現れる

　コーチングでは、クライアントさんが話すことに対してじっくりと聞くこと以外に、相手の表情や仕草、態度、声のトーンなども観察します。

　しかし、それら情報と言葉だけでは限界があります。

　クライアントさんの頭の中にある情報を言葉で可視化しても、どうしても情報量が限られてしまいます。その限られた情報量を補おうとして、さらに言葉を多く並べると、なんとなくわかった気になる、なんとなく整理されたような感覚に陥ります。

　一方で、図に描こうとすると、必然的に余分な情報を省く必要があるため、自然と重要なものや本質が見えてきます。

　また、クライアントさんは、自分の考えを俯瞰することができるため、今まで使っていた言葉の再定義や再解釈が生まれます。

　つまり、図に描くことで、大枠で捉えることができるようになります。その図から構造や関係性などを読み解くことで、気づきにつながります。

そうして、考えを描いた図をもとに、再度、具体的な言葉にしていくことで、自然と具体的な行動へつながっていきます。

コーチが描くことで一歩を踏み出させる

本事例では、Aさんの考えを図にすること、そして具体的な言葉にすることで、Aさんの思考と図、図と言葉、言葉と思考を行き来することができました。

その結果、Aさんの新規事業のビジョンや構想を実現するための具体的な戦略と行動へと、一歩を踏み出させることができました。

今の世の中では、変化が激しく不確実性が高まっています。

単にアイデアを生み出すだけではなく、それを具現化し、実践につなげる能力が求められます。

そして、今後はAIを活用していく時代となっていきます。言葉を整理して考えるのは人間ではなく、AIに取って代わってきています。

しかし、対話を通して、相手の思考や言葉だけでなく、その背景にある思いや熱意をキャッチし、言語化し、図に描くことは人間だけができることです。

考えを図に描き構造化することは、業界やプロジェクトの垣根を越えて通用し、未知の領域に柔軟に対応する武器となります。

相手の考えを丁寧に聞いて図に描く、それを見ると自然と一歩前に踏み出せる。

そんな図を一瞬で描くことができるのも "コーチング" がもたらす、対話の力なのかもしれません。

〈プロフィール〉町屋 陽平（まちや ようへい）

1985年9月3日生まれ。青森県出身。
冷凍食品会社で、商品開発、品質管理、業務改善、システム構築など、日本国内と海外の舞台で携わる。言葉や文化の違いはあれど、いかに人と協働してモノづくりをしていくのか、これらの経験から人材育成の重要性を実感し、コーチングの世界へ入り込む。
現在はコーチ・コンサルタントとして、企業や経営者と共に、コーチングを活用した新規事業立ち上げや職場環境の改善、商品開発コンサルタントとしても活動中。

コーチ歴	2020年から	セッション人数	約60人
コーチング時間	約500時間	主なお客様の年齢層・性別	20代〜60代 男性・女性
活動拠点	全国／対面・リモート、どちらも対応可		
資格	国際コーチング連盟認定アソシエイトコーチ （一財）生涯学習財団認定マスターコーチ （一社）日本スポーツコーチング協会認定スポーツコミュニケーションアドバイザー＆コーチ （一社）JHTC認定HACCPコーディネーター 冷凍食品生活アドバイザー		
主な相談のテーマ	・クライアントさん自身の目標達成のため ・業績向上 ・新規事業開発など		
コーチング商品および価格（時間・回数）	個人向け：21万円（税抜）／2〜3週間に1回を7回まで 企業の経営者・リーダー向け：70万円（税抜）／2〜3週間に1回を14回まで		
コンタクト方法・連絡先	問い合わせフォーム		

安心と信頼で夢を加速！ 率直な対話と誠実なコミュニケーション
で、あなたの最強の応援者になります。

人の役に立つのが好きなので、
いつも本気で
人を助けたくなるのです

ODCatalyst　代表／本木和子

日々の仕事の中にコーチングが

　コーチングは本人の気づきを促進し、自己の成長や組織の業績向上に
つながる行動が取れるようにサポートしていくことですが、最重要のス
キルの１つが傾聴です。私は30代前半に産業カウンセラー資格を取得し
ましたが、その学びにおいて徹底的に学んだのが、クライアントさんと
ラポール（信頼）関係を築いて傾聴する大切さでした。縁あってそのす
ぐ翌年に渡米した後の２年間に、シカゴ郊外の大学で心理学やマネジメ
ントを履修。卒業後、帰国してキャリアコンサルタントの資格を取得し
ました。

　その後に勤めた会社で、イギリス人の上司が「コーチに相談してみ
る」とよく言っていたのを耳にしました。今から約20年も前のことで
す。

　彼は自分のコーチを持つことの大切さを私に説いてくれましたし、
「君にもコーチが必要だ」とさえ言ってくれましたが、当時はコーチっ
て何をする人なのかよくわかっていませんでした。しかし、その後の転
職先で引き続き人事責任者になった際には、管理職の行動変容を促すこ
とが自分に求められるようになりました。グローバル企業の人事ディレ

クターとして、コーチングのスキルを備えていることはmustである
と、アメリカ人の上司からいつも言われて大きな影響を受けました。そ
のため、自分にとっては日々行っていたことが、いわばコーチング経験
の始まりでした。

学び直して良かった

2018年に会社員を辞め、過去の経験と学びを活かして人の役に立つ仕
事を何かしようと思った時、まず頭に浮かんだのがコーチングでした。
しかし、私はコーチとしての資格をその時は持っていませんでした。や
はりクライアントさんから選んでいただくには、その方が安心してコー
チングを受けられるよう、信用の証として資格が必要であると思いまし
た。

そこでICF（国際コーチング連盟）の認定プログラムで120時間以上改め
て基礎から学んでみると、これまで点と点だったものが線でつながるよ
うな気づきをたくさん得ることができました。自分が積み上げてきたキ
ャリアと、新たな学びを融合できたのです。

組織開発の実務経験と資格取得のために学んだことで、以前よりずっ
と自信を持ってコーチングができるようになりました。今もコーチング
の上位資格を目指して学び続けています。

課題の見える化も必要

法人企業さまから、マネージャーや組織リーダーの方の意識をもう一
段高いレベルに成長させてほしいといった依頼が増えています。そこで
オプションで提案しているのが「360度サーベイ」です。HRD株式会社
のCheckPoint360°™の認定資格も取得しました。このツールにより、
本人が気づけていない能力開発のポイントが浮き彫りになります。

自分の課題を客観視できるこのツールは、コーチングで望ましい結果
を得るためにとても効果的です。本人がその課題とどう向き合うかわか

るわけですが、自分の流儀を持っている人ほど一筋縄ではいきません。納得できないこともあるでしょう。

　私はご本人から率直に本音を聞きながら、ご自身の真の課題に気づいてもらい、望ましい解に思い至って、その方が必要な行動ができるように寄り添っています。

■ 人間愛が私の強み

　対話のベースになるのは、やはり「人間的な熱量」だと思います。コーチが本気で、本音で話す。こちらが心を開いて真剣に向き合う関わりによって、相手も心を開いてくれます。ここで「人間愛」が大切になってくるのです。言うなれば、対話の過程で私はその人の一番の応援者になります。課題解決の糸口を探りつつ、「You can do it!」「私がいるから大丈夫！」と伝えながら、本人がしっかりと前を向いて進めるように伴走していきます。

　人間は一人では生きられないし、私もかつては誰かに助けてもらいたかった。そんな思いが、今こうして誰かの役に立ちたいという熱意につながっているのだと思っています。

　考えてみれば、この社会には理不尽なことも少なくありません。しかしその理不尽さと闘って乗り越えていかなければなりません。そういった壁にぶち当たった時、その人がその状況をどう解釈するか、ここに大きな分岐点が現れます。コーチは「ものの見方を柔軟にするお手伝い」も仕事ですから、そういう時こそ自分の出番だと思い、大いにやりがいを感じます。

　結局コーチって「人のハートにあるロウソクに火を灯す役割」ですよね。壁を前にすると、誰しも一歩前に踏み出そうとする気持ちは萎えてしまいがちです。「私にはムリムリ」「経験がないからできない」と自分でロウソクの上に蓋をしてしまうのです。このような状況でのコーチと

しての使命は、そうした本人の成長の阻害要因を取り除いてあげること
です。理解を示しながら効果的な質問や承認を繰り返していくことで気
づきを促し、理不尽な壁を突破していただきます。こういうことは、本
当は職場の上司がやるのがベストでは？と思うのですが、なかなかそう
はなっていないのが現状です。

実際のクライアントさんからの声

　これまでにコーチングを受けていただいたクライアントさんの声を一
部ご紹介します。
「勤務先から機会をもらい、約3年前から本木さんのコーチングを受け
ています。仕事だけでなく自身のキャリアそのものに悩んでいました
が、コーチングで定期的に問いかけを受け続けるうちに、次第に仕事へ
前向きに自分らしく取り組めるようになりました。本木さんの熱意と明
るく元気なお人柄に感化され、今は部下を持つ身となり、日々充実感を
持って仕事ができております」（メーカー勤務・40代・女性）

「個人事業主として活動開始して1年半、事業発展が行き詰まり苦しん
でいる時に、本木さんからコーチングを受けました。毎回ポジティブな
言葉で励ましていただいたことで、"塞ぎ込んでしまう環境をつくって
いるのは自分自身だ"と気づきました。そして、自らが情報を発信し
て、新しいことにもチャレンジしていく勇気を持てるようになりまし
た。最近は、『将来どうなりたいのか』の目標に基づき、その実現に向
けて考え・行動するようになってきたことは、コーチングによる大きな
成果だと感じており、コーチの本木さんに感謝しています」（コンサルタ
ント・50代・男性）

「キャリアの岐路に立つタイミングでコーチングを受けることができ
て、本当に良かったと感じています。日々の忙しさにかまけて中長期的

なキャリアと真剣に向き合うことや考えることから逃げており、本木さんとのセッションがなかったら、と今思うとぞっとするほどです。本木さんに多くの気づきをいただき、背中を押していただきました。何よりも対話で毎度勇気づけていただいた思いです。セッションを通じて、明らかに自分の意識や考え方が変わりました」（人材紹介業・30代・女性）

　これからも多くの方の成長を支援すべく、「人間愛」と「気づきの促進」、「モチベーションのアップ」を大事に、質の高いコーチとして、活動を続けていきたいと思います。

〈プロフィール〉**本木 和子**（もとき かずこ）

さまざまな国の上司や同僚と密に連携するグローバル環境（外資系企業）で、2018年の夏まで30年余り勤務。キャリアの後半は日本法人の人事部門責任者として人材育成や組織開発などに広く従事。その経験をもとに2018年秋からフリーランスの組織人事コンサルタントとして独立開業。現在はコーチングや研修、コンサルティングを柱として企業の人材戦略の実行を支援中。神奈川県出身。

コーチ歴	2021年から	セッション人数	約65人
コーチング時間	約600時間	主なお客様の年齢層・性別	20代〜60代 男性・女性
活動拠点	全国にオンライン対応可。リアル対応も応相談。ご遠慮なくお問い合わせください。		
資格	国際コーチング連盟（ICF）認定　アソシエイト・サーティファイド・コーチ（ACC） 東京コーチング協会認定　アソシエイト・サーティファイド・コーチ（TCAAC） 国家資格キャリアコンサルタント　／　産業カウンセラー DiSC®認定コンサルタント　／　CheckPoint 360°™認定資格者		
主な相談のテーマ	＊キャリア全般（例：管理職になるには） ＊管理職のリーダーシップやマネジメント（例：部下の動機づけや育成、任せ方など） ＊人事プロフェッショナルからの次世代育成についてなど、さまざまな相談		
コーチング商品および価格（時間・回数）	ご要望をお聞きし、設定させていただいています。多くの方は3カ月以上、もしくは10回以上を基本としています。		
コンタクト方法・連絡先	ホームページ：https://odcatalyst.com 問い合わせ：https://odcatalyst.com/contact/ メール：info@odcatalyst.com		

あなたが自分自身を信じている以上に、私はあなたを信じます。

変化に対して主体的であれ

Life Traverse株式会社　代表取締役／黒岩乙水

コーチングとは"being"

　コーチングとは何か？と聞かれたら、私は「在り方」だと答えます。よくコーチングは「コミュニケーションスキル」と捉えられますが、コーチの「存在そのもの」が、よりコーチングの効果を左右します。スキル＝doingの手前に、在り方＝beingが問われるのです。

　例えば、私のクライアントさんがコーチングで選ぶテーマは、「数値目標達成」「昇進」などガチンコのビジネスネタがほとんどです。では、なぜ私にコーチを依頼したか尋ねると、「生き方に共感したから」という理由が最も多いです。つまり、電通という大企業の最前線で培ったビジネススキル・コミュニケーションスキル・マネジメントスキルだけでなく、新たに学び始めたコーチングで独立し、しかも拠点を東京から新潟に移してライフを充実させたその変化力。仕事以外でもトレイルコミュニティ主宰、キャリア教育活動など、好きなことを楽しみながら価値提供をしているその「在り方」が、魅力的に映るのでしょう。

　そして「在り方」＝beingという意味で欠かせない要素があります。それは「信頼感」です。私を選んでくれる理由で2番目に多いのが「信頼できそうだから」というもの。私のクライアントさんは元々の知り合いや知り合いからの紹介が多く、またSNSやHPでしっかり私を品定め

（？）してくる方もいます。「信頼感」は、コーチングに必要不可欠な要素。本当の自分を出して対話するのがコーチングですが、信頼がない状態で自分をさらけ出すのは難しいですよね。

「在り方」への共感があり、そこから信頼が醸成されることで、安心して深く自己を見つめることができるようになります。ありのままを出せなければ、気づきは生まれずコーチングも機能しないのです。

Google社で出合ったコーチング

私とコーチングとの出合いは、前職の電通時代のリーダー研修でGoogleさんを訪れた時でした。Google社のマネジャーはみな部下にコーチングコミュニケーションを実践しているという話を聞きました。

印象的だったのは、コーチングとはアドバイスをせず本人の中にある意識を引き出し、本人が決めた行動を後押しするという点でした。そういうマネジメントがあることを知らなかったので、衝撃を受けたのを覚えています。

その後、人事部門に異動した私はコーチングを本格的に学び始めます。自分の部下にコーチングをする一方、あらゆるマネジメント研修にコーチングの要素を搭載していきました。そして部下との1on1にコーチングコミュニケーションを活用できるように浸透を図っていったのです。ここで、コーチングによって大きく変化し成長する社員たちを見て、その威力を実感したのです。

変化は善である

私は、変化は善だと思ってコーチングをしています。学びや成長の手前には必ず何らかの質的・動的変化があるからです。思考や認知の変化が発火点となり、行動の変化につながる。行動を変えなければ望むゴールにはたどり着けません。

私は基本的にアドバイスをしませんが、変化を促すためにフィードバ

ックはします。自
分の経験からの情
報提供もします。
また多様な診断ツ
ールやワークシー
トを用いること
で、自己の棚卸し
や現状の可視化を
お手伝いすること

リモートでのセッション

もあります。

　変化は喜びにつながる一方、痛みも伴います。私は前向きなフィード
バックで「喜びのある対話」を心がけていますが、クライアントさんの
行動を縛っている何かがあれば、それを解きほぐす投げかけもします。
素の自分と向き合う時間は、時に怖いものです。

「大事なことだとわかっているのに、恐れからやっていないことは何で
すか？」

　あるセッションで、1on1に熱心なシニアマネジメント職のクライア
ントさんに質問しました。部下に自分との1on1についてどう思ってい
るか、聞くことから逃げている自分に気づいたそうです。

「喜びだけでなく痛さも同居した対話時間」

　それが私のコーチングの真骨頂かもしれません。

〈プロフィール〉**黒岩 乙水**（くろいわ いつみ）

1974年５月22日、新潟県南魚沼市生まれ。東京大学法学部卒
業後、株式会社電通に入社。法人営業を経て人財開発担当マ
ネジャーとなる。ここでコーチングを学び始め、2022年に独
立して新潟にＵターン移住。現在Life Traverse株式会社代
表取締役としてビジネスコーチや人財開発コンサルタントに
従事。その他コーチ・エィ アカデミアのクラスコーチや社
会福祉法人理事を兼務。ICF資格ACC取得。MBA。

コーチ歴	2020年から	セッション人数	89人
コーチング 時間	414時間	主なお客様の 年齢層・性別	30代〜50代 男性・女性 ※経営者、士業、 企業のマネジャー、 リーダークラス
活動拠点	拠点は新潟県、東京都／リモート		
資格	国際コーチング連盟ACC		
主な相談の テーマ	・経営（事業化、アウトプット、プレゼンス） ・マネジメント（部下育成、モチベーションアップ） ・タイムマネジメント、ダイエット		
コーチング商品 および価格 （時間・回数）	１クール＝50分セッション月２回×６カ月　料金：264,000（税込）		
コンタクト方法 ・連絡先	ホームページ：https://life-traverse.com/ 問い合わせ：https://life-traverse.com/contact/ メール：info@life-traverse.com		

自分らしいリーダーシップで人生を好転させましょう！　私はあなたの不安や葛藤に寄り添い、コーチとしての信念で背中を押します。

リーダー職をあなたらしく 楽しめるよう寄り添うコーチで ありたい

株式会社オフィスムーブ　代表取締役／濵田美雪

「言葉の力」で人に影響を与える人間になりたい

　高校時代、精神科医を目指していましたが、医学部の受験で玉砕。方向転換して大学では臨床心理学を専攻しました。その頃から「言葉が人に与える力」に関心があり、大学外でもカウンセリングの勉強をしていました。そして、大学を卒業しホテルに入社したのちも、心理学で自分の道を切り拓きたいとの思いから、臨床心理学会に参加して学びを掘り下げていったのです。ホテルでは法人営業や営業企画、広報を経験しましたが、「どのような言葉を使えばお客さまの心を震わせることができるのか」に強い関心を持ち続けていました。

　広報を担当していた時、ホテルに大学の先生方をお招きして連続講演会を開催しました。その時に、先生方の講演を聴いているお客さまの表情がみるみる変わっていくのを見て、言葉が人に与える力の大きさを改めて実感。ホテルマンではなく、"言葉で人に影響を与える側の人間"になりたいとの思いを強く抱きました。

　29歳の時にホテルを退職し独立。私なりに勉強をしてきた心理学や脳科学、行動科学などの知見をもとに、「言葉と行動の関係」や「言葉の力をビジネスにどう活かすか」といったテーマを研修プログラムとして

まとめ、研修講師として事業をスタート
しました。幸い、前職のホテルから営業
研修を任せていただき、売上向上という
明確な成果を上げることができました。
以来、他のホテルからもお声がけいただ
けるようになり、研修講師としての土台
を築くことができたのです。そんな時に
出合ったのが、コーチング。2000年代の初
頭、日本で初めてコーチングをビジネス
マン教育に取り入れる会社が現れ、コー

コーチング風景

チ養成講座を開講すると知ってすぐに受講しました（2006年修了）。その
学びで、これまでほぼ我流で学んできた知識を体系的に整理することが
でき、自分のやっていたことは間違っていなかったと安心できたのです。その後も言葉と感情の関係性に対する興味は尽きることなく、さら
にNLP（脳神経言語プログラム）コーチングを学びました（2012年修了）。

　起業して以来、管理職研修やリーダー研修を手がけてきましたが、その頃、リーダーだけが成長してもチームが育たなければ組織の課題は解決できないことに気づき始めました。そこで、慶應義塾大学大学院ビジネススクールで「強い組織をつくるリーダーシップ」など、組織開発についても学びを深めていきました（2016〜2017年）。このように、実践を積み重ねながら貪欲に学び続けてきたことは私の誇れるところかもしれません。

コーチとして×人材育成・組織開発実践者としてのアプローチ

　世の中に優れたコーチはたくさんおられますが、私の一番の強みは、「その人らしさを引き出すコーチとしてのアプローチ」と、「人材育成・組織開発実践者としてのアプローチ」の2つを掛け合わせた、自分ならではのコーチングができることです。中でも数多くの管理職研修を手が

けてきたことから、管理職の葛藤や孤独がよく理解できます。コーチングはさまざまな質問を繰り返すことで、その人の中にある潜在的な悩みや想い、能力などを引き出していくのですが、質問の引き出しの多さや厚み、的確さは、これまで積み上げてきた豊富な講師経験によるものだと自負しています。

　また、私の特徴的な手法の1つに、管理職を対象とした「グループコーチング」があります。社内の課長たちが集まって車座になり、私と1対多のコーチングセッションを行います。グループで行うことで、自分の立ち位置を再確認したり、他部署の管理職の想いや葛藤を聞くことで新たな気づきを得ることができます。忙しい業務の合間に週1回、ご自身やチームのことを客観的に振り返るグループコーチングは、管理職の成長に有効であり、自らの成長を実感することはリーダーとしての自信につながります。管理職が変われば部下が変わり、組織も変わります。管理職の変化は、企業がダイナミックに変わるきっかけになるのです。

┃ せっかく手に入れたリーダーという役割を思う存分楽しんで

　私が信念として持ち続けている想いは、「人生を好転させるチャンスは誰にでも平等にある」ということ。そのチャンスを見逃さずにキャッチアップすることが大切です。私はコーチとして、そのお手伝いをしたいと思っています。せっかく手に入れたリーダー・管理職という役割を思う存分楽しんでほしい。時には責任の大きさに怖くなったり、人と比べて落ち込むこともあると思いますが、ぜひ自分らしいリーダーシップを見つけてほしいのです。リーダーへの突然の抜擢を不安に思うのではなく、自分の人生を好転させるチャンスが降ってきたと捉えて、サプライズを楽しんでいただきたいと思います。

　他の誰のものでもないあなただけの人生を、あなたが主役として楽しく実り多く生きていけるよう、コーチとしてそっと背中を押していきたいと考えています。

〈プロフィール〉濱田 美雪（はまだ みゆき）

1963年 1 月22日生まれ。高知県出身。株式会社オフィスムーブ代表取締役。
7 年間ホテルで営業・営業企画・広報宣伝部門に従事後、1993年独立。ホテルスタッフの育成をきっかけに、人材育成の道へ。企業・医療・行政・教育の現場で実践して20年。30代で学び直した大学院では組織開発とケースメソッドを学び、現在は【脳科学×心理学×行動科学】と組織開発の手法をベースにしたオリジナルのプログラムで、人と組織の両面から企業の経営支援を行っている。

コーチ歴	2006年から	セッション人数	約1,970人
コーチング 時間	約2,560時間	主なお客様の 年齢層・性別	30代〜50代 男性・女性
活動拠点	大阪府／リモート、リアル対応は相談の上、全国対応可		
資格	米国NLP™協会　NLPコミュニケーションプラクティショナーコース修了 慶応義塾大学大学院　経営管理研究科　ケースメソッドインストラクター メンタルヘルス・マネジメント検定Ⅱ種		
主な相談の テーマ	個人の方から ・自分らしいリーダーシップを発揮するために何ができるか ・リーダーとして自信を持ちたい 企業さまから ・前例、前任者のやり方にこだわらず、のびのびとリーダーシップを発揮してほしい ・個性を活かしたリーダーシップを発揮するためのサポートをしてほしい（ダイバーシティ＆インクルージョン推進の一環として） ・女性管理職を育成したい ・切磋琢磨し合う管理職を育成したい		
コーチング商品 および価格 （時間・回数）	・コーチング（リーダー向け・個人）　1 時間　¥13,200（税込） ・グループコーチング（1グループ8人まで）　1 時間　¥38,500（税込） ※詳細、相談のうえ決定		
コンタクト方法 ・連絡先	ホームページ：https://office-move.co.jp メール：consul@office-move.co.jp		

あなたがご自身の願いに気づき、そこに到達できることをあなた以上に信じます。セッションではあなたの感情や欲求を尊重します。

「他者に貢献したい」という思いと「私はこうしたい」という願いの間で揺れ動くチャレンジャーたちへの伴走

ZaPASS JAPAN 株式会社／荒井智子

プロフェッショナルコーチ、事業部長、パラレルワーカー、2児の母。これらは、今の私が大切にしている役割やアイデンティティの一部です。

私は現在、コーチングスタートアップZaPASS JAPAN株式会社（以下、ZaPASS）の登録プロフェッショナルコーチとして、主にビジネスリーダーの方々を支援しています。また同社で、コーチングスクールを運営するアカデミー事業部の事業部長を務めながら、同時にITベンチャーのGaiaxという別会社ではコーポレートカルチャー推進室の室長を務めています。

複数の役割を持って社会に関わる私が、コーチとして活動している理由や、これらの役割を経験しているからこそ支援したいクライアントさんへの思いを、綴らせていただきます。

174

“人の悩みに寄り添い、解決する”。この思いと結びついたコーチング

　信頼している友人から、ZaPASSのコーチ養成講座を紹介されたことをきっかけに、私はコーチングに出合いました。「コーチング」という言葉はその時に初めて聞いたものの、講座の受講が進んでいくにつれて、今までの人生の答え合わせをしているような感覚になったことをよく覚えています。

　幼い頃から人に相談を持ちかけられることが多く、“人の悩みに寄り添い、解決をサポートする”ということが、自分のパーソナリティの一部であるという感覚を持っていました。学生時代は学校内で起こる人間関係のトラブルを扱い、大学院ではサステナビリティ学を学び、NVC（Nonviolent Communication：非暴力コミュニケーション）というコミュニケーション方法に出合うなど、人と人が共存することで生じるさまざまな葛藤や衝突への関わり方に、強い関心を持ち続けていました。難しさの中にも願いを見出して、少しでも優しさが連鎖していくような循環をつくり出すことを個人のミッションとして掲げています。

　そんな中で受講したのが、ZaPASSのコーチ養成講座です。それまでは、“人の悩みに寄り添い、解決をサポートする”ということを我流でやっていたのですが、コーチング学習を進めていくうちに、人の「話を聴く」ということの奥深さに驚くとともに、「話を聴く」ことが、こんなにも個人・組織・社会にインパクトを与えうることなのかと衝撃を受けました。優しさが連鎖する社会をつくりたいと願っている自分にとって、人の葛藤を扱い、願いを引き出すコーチングこそが、自分のやりたいことのど真ん中だと感じて、自分の仕事の中核にコーチングを据えることを決めました。

ビジネスリーダーの"板挟み"の葛藤をサポート

　私のクライアントさんに多いのは、「自身の思い」と「期待される役割」の間で葛藤するビジネスリーダーの方々です。私自身の今までの経験やバックグラウンドから、このようなクライアントさんとのご縁を多く頂戴しています。

　チャレンジングな任務を担う方々がコーチングを受けられる時、必ずしも前向きな気持ちで来られるわけではありません。責任や困難が大きければ大きいほど、生まれる葛藤も大きく、ご自身の感情や願いにつながる余裕がない中で、ひたすらに業務や目標に向き合っている状態にある方も多くいらっしゃいます。

　私のセッションでは、そういった現状に対するご自身の感情や本音を出し切ってもらうことを大切にしています。「このコーチには話してみたい、委ねてみたい」と思ってもらえるよう、出してくださった本音をどっしりと受け止めたうえで、共にクライアントさんの願いにスポットライトを当てることを心がけています。

　中間管理職を担うことが多いビジネスリーダーの方々が、長期的に前向きに業務に取り組むためには、「自己選択している感覚」と「自分の願いと他者の願いが接続した状態」が必要だと考えています。これは、今までのクライアントの方々とのセッションと、自分のビジネスパーソンとしての経験から実感していることです。

コーチ・ビジネスパーソン・母として

　私が今後もコーチとして支援していきたいのは、「他者に貢献したい」という思いと「私はこうしたい」という自分の願いの間で揺らぎを

感じていらっしゃるビジネスリーダーの方々です。

　他者への貢献意欲が高い人は、自分の願いを蔑ろにしがちです。周り
のケアに一生懸命になるがあまり、自分自身の願いにスポットライトを
当てる余力がなくなってしまうことが多いと感じています。

　同時に、ビジネスリーダーの方々は、「私はこうしたい」だけでは進
めない状況であることも多々あります。組織としての方向性や、期待さ
れている役割、関係者への責任がある中で、「私はこうしたい、だから
こう生きていく」とシンプルに割り切ることは難しいのです。

　私のコーチングでは、期待されている役割や責任を真摯に全うしよう
としている姿にも最大限の敬意を払いながら、その方の願いとの接続点
を一緒に探していきたいと考えています。

「そのチャレンジは、あなた自身の願いと接続しているのか？」「自分
の願いが蔑ろになっていないか？」。そんな確認作業と伴走しながら、
これからもクライアントさんがその人らしく輝き、生きていくことを応
援し続けたいです。

<プロフィール> **荒井智子**（あらい ともこ）

東京大学大学院にてサステナビリティ学を修了後、2013年に株式会社Gaiaxに入社。法人営業、社長室の立ち上げ、自身が発案者となった飲食事業の立ち上げを経て、現在はコーポレートカルチャー推進室室長を務めている。2019年にZaPASSコーチ養成講座第1期を修了後、ZaPASS認定プロフェッショナルコーチとして活動を開始し、2021年からはパラレルワーカーとしてZaPASS JAPAN株式会社の事業運営にも携わっている。

コーチ歴	2019年から	セッション人数	105人
コーチング時間	412時間	主なお客様の年齢層・性別	20代後半〜40代男性・女性
活動拠点	神奈川県／リモート		
資格	ZaPASSコーチ養成講座（Basic/Step up/Advance）修了		
主な相談のテーマ	・マネジメント（経営者としてのあり方、組織マネジメント課題） ・キャリア（キャリアの方針、キャリアチェンジ、女性のキャリア）		
コーチング商品および価格（時間・回数）	16,500円／1時間		
コンタクト方法・連絡先	ホームページ：https://coach.zapass.co/coach/arai-tomoko/ 問い合わせ：tomoko.arai@zapass.co		

理念や哲学、パーパスの探求に寄り添う事。個人であっても企業であっても在りたい姿の言語化に最善を尽くして伴走します。

Leadership Journey

WITHISH　代表／岩瀬美保

はじめに～「コーチング、何ですか？ それ……、スポーツの指導教官のこと？」～

　コーチとして活動し始めてずいぶん経った今でもよく言われます。自分自身、決して安価ではないコーチングフィーを払って人はなぜコーチングを受けるんだろう……。コーチになる前、そんな風に思っていました。なのに今、自分はコーチングを提供する側からこの文章を綴っています。

突然訪れた蒼い霹靂（へきれき）

　誰もが皆、最初からリーダーだったわけではありませんよね。自分自身も長くチームの一員としてリーダーの下（もと）で企画デザインの仕事に就いていました。しかし、人生に訪れた転機は自分をいきなり独りで置きざりにします。独りで部を切り回すポジションに就いた私は、一転して自身が成果を求められる立場に。経営者や取締役に対し、今までのコミュニケーションスキルでは全く歯が立たない現実に呆然とする日々でした。仕事にも支障が生じ、心と体をすり減らす日々が続いていました。

　そんな時に出合ったのが対人支援としての「コーチング」。初めて受けたコーチングセッションは、蒼い霹靂のように私のポジティブマインドを復活・覚醒させたのでした。

179

効果の確信を魅せた「変容」プロセス

　コーチングセッションを受け覚醒した私は、さらに深く学び始めました。学びを深めるほどに自分が受けた衝撃の意味や効果、価値の解像度が増していくのです。そんな中で継続セッション効果の予想が確信へと変わったのは、自身のクライアントの変容に遭遇したから。芋虫がさなぎになり、やがて蝶になる。そんなクライアントの「変容」プロセスを自分のコーチングで体感したのです。穏やかな性格のクライアントは、長年好きな仕事に没頭し、挑戦を続けてきました。積み上げてきたキャリアを認められ、大型プロジェクトリーダーに抜擢され、突如リーダーとしてのマインドセットに悩むことになりました。当時のクライアントは仕事への取り組み、チームに向けた振る舞い方など、どっぷりと迷いに浸り、自分自身を見失っているようでした。

　私がそのクライアントとのコーチングで実践したのは、「自分らしいリーダーシップとは何か？」という答えを見つけるためのさまざまなコミュニケーションチャレンジと伴走でした。

　現在IT業界で大活躍をしているそのクライアントは、以前とは見違えるように自分らしいリーダーシップを発揮され、活動の幅を拡げてイベントに登壇するなど活躍しながら、チームマネジメントを行って後進の育成に力を入れておられます。

リーダーシップコーチング

　最近考えます。リーダーシップコーチングとは何哉（なんぞや）？

　感じたのは、最初からリーダーである人は一人もおらず、それぞれ自分の中にあるリーダーシップを見つけてリーダーになっていくということ。さまざまな背景を持ったリーダーに接する機会をいただいて、オリジナルなリーダーシップを拝見しながら自分自身も深める日々を送っています。

幸福に満たされる「コーチ」という職業

　ここ最近、地方の企業、団体のキーパーソンのお話を聴く機会がたくさんありました。皆さん課題に向き合っておられます。コーチングは国際コーチング連盟において**「思考を刺激し続ける創造的なプロセスを通して、クライアントが自身の可能性を公私において最大化させるように、コーチとクライアントのパートナー関係を築くことです。」**と定義されています。コーチはパートナーシップを持ってクライアントの探求に寄り添っていきます。ときには課題を飛び越えた「問い」をさせていただくこともあるのですが、深く対話で伴走をしている時は、コーチという職業に最も幸福を感じるひとときです。

コーチングのある未来社会へ

　さまざまな分野で今後ますますAIが社会に浸透していくと思われますが、「コーチング」はそうした時代において、人に、企業に、社会に必須なものと感じています。なぜならコーチはクライアントの血の通ったパートナーでもあるから。

　これからも私はリーダーシップを執る皆さまに向けて全力で伴走していけるように日々コーチとしての自分を高めながら、時にはパートナーとして存り続けたいと思っています。

穂高連峰を映す大正池のように…鏡のような存在に

〈プロフィール〉**岩瀬 美保**（いわせ みほ）

生年月日：1963年3月4日　大阪府出身
学歴：大阪芸術大学　短期大学部 デザイン美術科卒
職歴：真生印刷株式会社 企画デザイン部門にて21年勤務、
2016年〜大紀商事株式会社 マーケティング部所属
所属：コミュニケーションデザインオフィス WITHISH代表
ICF*正会員

印刷会社企画デザイン部門で20年以上多様な媒体の企画デザインDTP業務に従事。2016年より製造業のマーケティング部門で企画デザインディレクション、マーケティング、社内外広報に携わる中でコミュニケーションの大切さを痛感し、複数のスクールでコーチングを学び、今もICF*の倫理やコアコンピテンシーを中心に深めている。
現在は地方創生に向けた活動をすると共に、中小企業や団体、地域のキーパーソンとの対話を重ね、様々な分野のリーダーに向けたコーチングを提供している。

＊International Coaching Federarion

コーチ歴	2021年から	セッション人数	約80人
コーチング時間	約250時間	主なお客様の年齢層・性別	30代〜60代 男性・女性
活動拠点	大阪府／対面・リモート　他府県出張は相談の上対応可能		
資格	ICF正会員 GCSプロフェッショナルコーチ		
主な相談のテーマ	・キャリア展望 ・人生設計 ・将来のビジョン ・自分らしいリーダーシップ ・企業理念 ・パーパスの言語化 ・ブランディング		
コーチング商品および価格（時間・回数）	1 on 1コーチングセッション　11,000円（税込）チームコーチング　11,000円 x 人数（税込）初回オリエンテーション実施後、合意書or契約書作成（時間・回数、その他）		
コンタクト方法・連絡先	メール：miho.iwase.n@gmail.com Instagram：nicolcoach		

本来の自分で在り続けることが大切。その上で、在りたい姿の深い
探求が、あなたが叶えたい未来へつながると信じています。

コーチングで想像を超えた
未来を手にしてほしい

時田真奈

■ コーチングに出合い、人生が大きく変わった

　大学卒業後、大手通信キャリアに企画系総合職として就職し、球団や
サッカークラブチームとの協業サービスやヘルスケア事業など、新規事
業の立ち上げや運営に携わってきました。入社8年目にグループ会社に
出向し、女性向けメディアの立ち上げや広報を担当。出向帰任後は、社
内起業家育成プログラムの運営に従事。プログラム設計や公募、審査会
の運営と並行し、審査を通過したチームに伴走しながら事業化をサポー
トしてきました。

　この時に痛感したのは、「最終的に事業化までできる人は、自分がど
う在りたいか、どんな世界をつくりたいかという軸がしっかりしてい
る」ということでした。一方、自分はと言えば、入社して12年間無我夢
中で仕事をしてきましたが、「本当は何がしたいのか、どこに向かいた
いのか」を見失い、思い悩むようになりました。同じ頃、会社からはマ
ネジャーを目指すことを求められていましたが、その未来にポジティブ
なイメージを持つことができず、モヤモヤしていました。そんな時に、
コーチングに出合ったのです。

　初めてコーチングを受けた時、「あなたが抱いているマネジャー像は
思い込みでは？」と言われ、目からうろこが落ちました。また、継続的

にコーチングを受ける中で、「ヘルスケア」に対する想いの強さに気づかされました。実は家族の病気をきっかけに、就活ではヘルスケア関連の仕事を模索していました。事業可能性の広い通信会社に入社しましたが、部署異動を経てもヘルスケアに関わりたいという思いは消えていなかったのです。

　コーチングセッションを続けるうちに、頭の中のモヤモヤが整理され、自分の未来の解像度が徐々に上がっていくことを実感しました。そして結果的に、12年も勤めた職場を躊躇なく退職。その決意ができたのは、コーチングのおかげだと思います。

　退職後はクリニックに転職し、スムーズな患者体験に向けたサービス設計を担いながら、医療従事者を対象にコーチングをしています。念願のヘルスケアの仕事に携われていて大変充実しています。また、人生に大きな影響を与えたコーチングに興味を持ち、退職と同時に各種スクールで学んだ後、2021年からコーチとして開業、管理職層を中心に伴走しています。

目指すのは「想像している以上の未来」

　自分自身が感情と向き合う暇もなく仕事に邁進してきた経験から、私のコーチングでは、ゆったりとした時間の中で、自分の内側で何が起こっているか、ご自身の感情とじっくり向き合っていただくことを大事にしています。「自分はどうなりたいか」という願いは誰もが持っています。しかし、日々緊張度の高いタスクをこなす中で、感情に蓋をしたり、世の中の常識にとらわれて夢を見失っていることもあります。沈黙の時間も大切にしながら、穏やかな雰囲気の中で対話をし、じんわりと湧き上がってきた心の声を一緒に見ていきたいと思っています。

　私が目指すゴールは、「あなたが想像している以上の未来」です。一人で思い悩んでいても、これまでの自分の経験や現状の延長線上で想像できる範囲の答えしか得られません。しかし、コーチとのセッションを

繰り返すことで、今までとはまったく異なる視点から物ごとを捉え直せたり、心の中の本当の願いを見つけたり、自分がまったく想像していなかった未来が開けることもあります。実際に私もそのような経験をしてきました。もし私がコーチングに出合わなかったら、おそらく「これが本当にやりたいことなのか」とモヤモヤしながら、前の会社に定年退職するまで勤めていたでしょう。

誰もが理想を実現する力を持っている

　私は独立して日も浅く、コーチとしてはまだまだこれからです。しかし、そのおかげで親しみやすく感じていただけるのか、「何でも聞いてくれる安心感がある」「穏やかな感じでリラックスして話せた」というご感想をよくいただきます。また、会社員としてさまざまな事業に関わってきましたので、クライアントさんの状況を的確に整理したり、多様な視点からフィードバックができることは強みだと思っています。

　これまでサポートしたクライアントさんから、「生まれて初めて人生の座右の銘が持てました」「初めて真剣に、40代・50代の自分の理想像を具体的に描くことができました」などのご感想をいただきました。嬉しかったのは「半年前には想像もできなかった自分になれました」という言葉です。コーチとして皆さんの変化に伴走できること、変化した皆さんのいきいきした笑顔を見られることが、この仕事の一番のやりがいです。

　私が大切にしていることは、「クライアントさんには必ず、その方の理想の状態を実現できる力がある」と心から信じることです。私自身もここ数年、理想の状態に向けて着実に変化し続けているので、実体験をもとにクライアントさんにもその力があると心から信じています。だからこそ、全力で応援します。

　自分の理想を叶え、一度しかない人生を悔いのないものにするために、ぜひコーチングを活用していただきたいと思います。

〈プロフィール〉**時田 真奈**（ときた まな）

1986年生まれ。
2009年にKDDI株式会社に入社し、ヘルスケア事業を中心とする新規事業立ち上げに従事。子会社出向時はメディア立ち上げや広報を担当。帰任後は社内起業家育成プログラムの運営において、通過者のメンタリングやチームマネジメントを担ってきました。2021年に同社を退職後、コーチ業を開始。プライベートでは、旅とサウナ・瞑想で日常的に「心身を整える」ことを大切にしています。

コーチ歴	2021年から	セッション人数	約90人
コーチング時間	約300時間	主なお客様の年齢層・性別	20代〜40代 男性・女性
活動拠点	東京／リモート		
資格	myPecon認定コーチ mento認定アソシエイトコーチ ZaPASS認定プロフェッショナルコーチ ZaPASS Coach Academy Basic、Step up、Advanc e Course 修了 CRR Global Japan ORSC基礎コース修了		
主な相談のテーマ	・キャリアプラン ・人生の目的 ・本当にやりたいこと ・人間関係 ・働き方 ・リーダーシップ、マネジメント		
コーチング商品および価格（時間・回数）	パーソナルコーチング Hodoc 〜ほどく〜 詳細は下記ホームページをご参照ください。		
コンタクト方法・連絡先	ホームページ：https://hodoc.jp/ メール：manatokita@hodoc.jp		

個人・組織が課題達成に向けて自走できるように支援します。そして、意識・行動改革の促進を通じて、企業の力になります。

対話型組織開発の手法を用いた組織活性化の事例紹介

株式会社タンタビーバ　代表取締役／門脇俊仁

▌支援プロジェクトの概要

自動車部品メーカーA社は、当該部品では国内・海外でトップクラスのシェアを誇り、海外にも生産・販売拠点を持つグローバルニッチトップ企業です（グループ従業員数 約1,000名）。

A社では2015年に次の10年に向けて、社員自らの手によって新たな企業理念を策定し、その実現に向けた各種施策を実施しています。その一環として、2022年に次世代リーダーの育成による社内変革プロジェクトを立ち上げ、タンタビーバが企画・運営を支援することとなりました。

具体的には、部門横断的に若手社員を中心とした次世代リーダー候補11名を選抜し、会社の将来を見据えた課題達成に取り組む約6カ月のプロジェクトを実施しました。自分たちが主体となってボトムアップ型の組織変革に取り組むことで、次世代リーダー候補の社員たちに「自分たちが変わることで周りに影響を及ぼし、会社を変えていく」という自覚を持ってもらうことがプロジェクトの大きなねらいでした。

タンタビーバでは、チームが課題達成に向けて自走できるように支援すると同時に、次世代リーダー候補の意識・行動改革を促進するために、チームコーチング的支援を徹底しました。その結果、メンバー間のさまざまな葛藤や自分の意識を変える壁に対して、お互いの心理プロセ

スを理解して克服し、自分たちで成果を手にすることができました。

支援プロジェクトの具体的内容

　プロジェクト実施に先立ち、プロジェクトを全社的な位置づけとしました。プロジェクトの対象は全社員である（選抜メンバーが中心となり、全社員が変わっていく）ことを明確化し、役員、部長によるプロジェクトの側面支援、課長による選抜メンバーの積極的サポート体制、そして、評価制度に組み込む仕組みとしました。

　こうした環境整備を行った上で、メンバー選抜の支援からプロジェクトがスタートし、プロジェクト期間中には6回のセッションとプロジェクト終了後に振り返りの場を設定しました。

《プロジェクトのセクションフロー》

Session1 （10月）	テーマ（課題）の設定 会社の現状を認識した上で、チームとして課題を検討・定義する （自己認識と使命の定義）
Session2 （11月）	テーマ（課題）達成の仮説及びアクションプラン立案 課題達成の仮説を立案し、さらにアクションプランに落とし込む （挑戦的課題へのコミット）
この間に各メンバーへのパーソナルコーチング実施（一人1時間程度）	
Session3 （12月）	アクションプラン実施の検証 アクションプランの実施状況を検証し、阻害要因があればその対策を検討する（困難への対処）
Session4 （1月）	中間での振り返り、最終成果の再確認 ここまでの活動を振り返ると同時に、最終成果を見据えた今後の具体的アクションを決める（ゴールを見据えたラストスパート）
Session5 （2月）	成果報告書の作成 プロジェクトの成果を報告書にまとめながら、自分たちがやり遂げたことの達成感を得る（成果の可視化及びメンバーの達成感）
この間に各メンバーへのパーソナルコーチングを実施（一人1時間程度）	
Session6 （3月）	プロジェクト全般の振り返り 約半年間の活動全体を振り返り、チームとしてうまくできた点、

	できなかった点を抽出、さらに今後に向けた展望を検討する（チームの成長の確認）
振り返り（6月）	プロジェクトを通した各メンバーの成長の振り返り 終了から少し時間が経った時点で、プロジェクトでの自身の成長を冷静に振り返る（各人の成長の確認）

※各セッションのチームコーチング、ファシリテーション、講義等の進行（コーチング）はタンタビーバが務めました。また、上記のセッション以外にもメンバーが定期的にミーティングを開催し、課題の達成を目指しました。

対話型組織開発の効果

　メンバーは困難に行き詰まったり、試行錯誤しながらも約6カ月のプロジェクトをやり抜きました。対話型組織開発の視点で述べれば、気付きを促す働きかけにより、主体的に考え行動する姿勢がメンバーに定着しました。うまくできなかったこともありましたが、この経験からメンバーは多くのことを学び、次世代リーダーとしての自覚が芽生え始めたと思われます。

　プロジェクト終了後の振り返りコメントの中に、対話型組織開発の効果を確認できます。「最初はみんな必ずしも積極的ではなかったが、次第に変化し、自主性が高まった」「自分の意見を持つことの大切さを学ぶと同時に、他者の意見をしっかり聴けるようになった」「チームとしてまとまるためには、本音で意見をぶつけ合うことが必要だと感じた」といったコメントからメンバーの成長を感じます。また、「リーダーに対する認識が変わった。人を変えるのは難しいが、自分だけでも変わりたいと思う」「プロジェクトは通過点。これからの仕事でも今回の経験を活かしたい」という意識・行動変容を期待できるコメントも見られました。

　A社経営者からも会社全体をバージョンアップさせる取り組みとしてプロジェクトを評価していただきました。その証として、新たな選抜メンバーによる第2期プロジェクトも決定し、2024年現在進行中です。

<プロフィール> **門脇 俊仁**（かどわき としひと）

株式会社タンタビーバ　代表取締役（2015年4月設立）
弊社は、会社大好き社員（自社のファン）が増えることでビジネスに勢いがつき、元気や喜びの声が溢れた、いきいきがいっぱいの組織となるという思いのもと、インナーブランディングのサポートを行う会社です。その業務の一環として対話型組織開発の手法を用いた組織活性化を行っています。

コーチ歴	2019年から	セッション人数	個人・組織に対して数十回実施
コーチング時間	約200時間	主なお客様の年齢層・性別	従業員数1,000名以下の中規模、小規模企業 20代〜60代 男性・女性
活動拠点	東京都／対面・リモート、どちらも対応可		
資格	PHP研究所認定　チームコーチ、ビジネスコーチ 青山学院大学履修証明プログラム認定　ワークショップデザイナー		
主な相談のテーマ	チームコーチング、対話型組織開発による下記テーマ ・パーパス、ビジョンの策定・浸透 ・組織の活性化 ・リーダーシップの強化 ・次世代リーダーの育成 ・チームビルディングの強化 エグゼクティブコーチングによる各種テーマ		
コーチング商品および価格（時間・回数）	期間：3カ月〜 費用：設定条件による		
コンタクト方法・連絡先	ホームページ：https://tantaviva.com/ 問い合わせ：https://tantaviva.com/contact/		

『クライアントを超えて、クライアントの成功に入る』

光の義務と闇の義務

株式会社Shinpull　代表取締役社長／草刈正年

「私、副校長を辞めて、一般教員に戻ります」。私は耳を疑いました。仕事にやりがいが持てないと話す、ある中学校の副校長をしていたその方は、継続セッション途中にこの決断をして、本当に役職を下げて、一教員の地位に戻ったのです。そして数週間後、「こんなに仕事が楽しくて、やりがいを感じている自分は初めてです」と、満面の笑みで話してくれました。たった2カ月でこの変貌。人はどんな状況だろうと変われる。心が震えたクライアントさんの一人です。

『光の義務と闇の義務』。このどちらを生きるかで、今日という一日が変わります。このクライアントさんは、2カ月前は、「仕事が多すぎて時間がない」「やらなければいけないことだらけだ」、そう言って、仕事が嫌でしかたがなかった状態でした。「しなきゃ」という闇の義務です。でもそこから、自分の人生、ルーツの父と母を過去統合することで、自分がやるべきことは『人と人との通じ合いをつくる』ことだと、光の義務に目覚めました。

　教員に戻った数カ月後に、その方は「先生のおかげでお姉ちゃんの人生変わりました。ありがとうございます」と双子の学生に涙を流しながら感謝されました。また、仕事が増えるのを恐れ、干渉し合わない教員たちの中で、ある教員がインフルエンザで倒れた時、何人かの教員に声

191

をかけ、その教員の仕事を分担して手伝う行動を起こした結果、頭を深々と下げて何度も何度もありがとうと感謝されました。

『闇の義務』とは誰かに決められている義務感で、『光の義務』は自分で決めている義務感です。よく、世の中の自己啓発では「やりたいことをやろう」「好きなことをやろう」と言われていますが、私はそうは思いません。それをやって、本当にやりがいや生きがいを感じられるのでしょうか？　実際このクライアントさんは、以前よりも仕事時間が増え、やることも増えたそうです。仕事時間外で生徒を応援したり、他の先生の仕事を自ら手伝ったり、自分で時間を増やしてしまっています。でも、今が仕事人生で一番やりがいを感じているそうです。

　どんな人の心の中にも『リーダーシップ』はある。私はそう思っています。それは、一人ひとりの中にある『大事なものを大事にする行動』を、誰にも遠慮せずできている時。その時、人はリーダーとなって人に影響を与え、この世界に光をつくる存在となります。誰にも言われていないし、決められていない。「自分はこれをしなければ」という光の義務をもって、どんな仕事にも、生きがいとやりがいを持って働く人が増える。そんな世の中をつくりたい。私はそう思って、コーチングをさせてもらってます。

　現在私は、『人の応援をあきらめる人をゼロにする』、そのスローガンを抱え、独自のコーチング技術をつくり、コーチ育成もしていますが、人の応援に誰よりも憧れ、そして誰よりも失敗したこれまでの人生でした。会社員時代に心身症を患い、すべての人が「大丈夫？」と聞いてくる中、たった３人の友人の「大丈夫！」という言葉が励みとなり、そこから復活できました。ハテナとビックリマークの違いで言葉がこんなに変わるのか？と驚愕し、自分も「言葉で人を応援できる人になりたい」と思いました。

　その後、バックパッカーで30カ国世界一周一人旅をした後、言葉で人

を元気にしようと、路上に座って約1万人を超える人に、書道で即興の詩を書いてきました。でも、そこで挫折を味わいます。言葉を書いて届けているだけでは、人はそんなに変わらないと。そして今度は、書道を教える協会を立ち上げ、約100人のインストラクターの指導に励みます。でも、そこでも「わかりません」「できません」と変わり切れない人が多発し、自分は人を応援するこの仕事に向いてないと、協会を閉じて、自分がわからなくなり、そこから約1年半、路頭に迷いました。

　そんなある時、友人がガンになり他界しました。無力な自分を悔いながらも、それがきっかけでガンをコーチングで治している先生がいるという情報が入りました。今の自分の状況を変えるには、本質的な心理学を学ぶしかないと思い、潜在意識という心理の門を叩きました。すると、教わることすべてが目からうろこで、今まで自分がどうしてうまくいかなかったのかが全てわかりました。

　そして、神さまはいたずらをします。また別の人がガンになったという情報が届きました。でも、それを聞いた私に絶望感はなく、「出番だ！」と病室でその人とセッションをしました。それから3週間後にその人は退院。3年経った今でもピンピン生きています。
「ああ、もう自分は人の応援をあきらめなくてよくなった」。その時、出てきた言葉です。そこから私はまた、人を応援する仕事に戻りました。今度はコーチとして。そして、普通の主婦が選挙当選、月収3,000円の起業家が100万円超え、原因不明の胃痛の治癒などをサポートし、現在は、『すべての人が仕事にやりがいと生きがいをつくる』をテーマに、潜在意識のプロ【まさねん】として、情報発信をしています。

　あきらめない挑戦者の横には、あきらめない応援者がいる。これからも世界を面白くする挑戦者と応援者を増やしていきたいと思っています。

〈プロフィール〉**草刈 正年**（くさかり まさとし）

使命と潜在意識で人を動かすクライアントサクセスコーチ『まさねん』として活動。

元SEで3年で退職。30カ国世界一周一人旅を経て、路上詩人になり1万人とセッションを経験。その後、選挙当選・ガン治癒・月収3,000円から100万円超えを起こした潜在意識・使命に特化したコーチング習得講座（CSM：クライアント・サクセス・マスタリー）を開講。紹介率100％を記録。2022年には、2つの法人を設立（株式会社 Shinpull、一般社団法人間道）。高い洞察力を活かしたセッションに感動の声が絶えない。

コーチ歴	2016年から	セッション人数	約200人
コーチング時間	約300時間	主なお客様の年齢層・性別	30代〜40代 男性・女性
活動拠点	埼玉県春日部市／リモート		
資格	トランスフォーメショナルコーチ		
主な相談のテーマ	・もっとクライアントさんの成果を出したい ・自分の仕事の方向性がわからない ・思ったように動けない		
コーチング商品および価格（時間・回数）	どんなクライアントさんにも成果を出す、潜在意識・使命に特化したコーチング習得講座CSM：クライアント・サクセス・マスタリー		
コンタクト方法・連絡先	YouTube：https://www.youtube.com/@masanenchannel/videos または『まさねん』で検索 X（旧Twitter）：https://twitter.com/masa_kusakari または『まさねん』で検索 Instagram：https://www.instagram.com/masa_kusakari/ または『まさねん』で検索		

私は、あなたが自身の可能性に気づき、実際に行動を起こし、経験から学び成長していくパートナーになりたいと願っています。

コーチングと
ファシリテーションで
リーダーシップを発揮する！

コンティニュウ株式会社　代表取締役社長／大山裕之

はじめまして。私は主に企業のリーダー、マネジャー向けにコーチングをさせていただいています。個人の目標達成やキャリアを扱うことはもちろんですが、特徴的なのは、クライアントさんの率いるチーム、組織にも影響を与え、より良いチームをつくり上げることもテーマとしていることです。つまり、組織にコーチングを活かすコーチを行っています。

▌コーチングが私の人生を変えた

私がコーチングを学び始めたのは1999年、カシオ計算機のマネジャー時代です。当時の私は古い指示命令型のマネジメントスタイルに限界を感じ、何か新しい手法はないかと探していました。そしてアメリカ発祥のコーチングという新しい手法があると聞き、自ら体験し素晴らしいと直感し、3年という長期間のコースで学び始めました。当初は自分だけが秘密のコミュニケーションスキルを学び、部下をうまく動かしていこう……などという邪な動機からでした。ところが、学び続けているうちに、コーチングは単なるスキルではなく、部下との信頼がなければできない大変深いものだということを学びました。コーチングを行っていく

につれ、自分が変わっていくのを実感しました。

　そしてもう1つ気づいたことは、マネジメントを行う上でのコーチングの弱点です。コーチングには組織（複数の人に対する）のマネジメントという視点がないということです。

　部下のコーチを真面目にやればやるほど、個々人が組織として向かうべき方向から外れてしまうことがあると体験しました。

　コーチングだけでは組織マネジメントは難しい。そう思っていた矢先（2003年頃）、ファシリテーションというまた新しい手法があると知り、これも学びます。ファシリテーションにより、メンバーみんなで考え合意することの重要性に気づきました。そこで、まずメンバーみんなで自分たちの目標を話し合って決め、合意し、みんなで決めた目標達成のために個々人が何をすればよいかを個人のゴールとしてコーチングを行う。こうすれば方向はずれない！　このファシリテーションとコーチングを1つのものとして扱うことを組織で実践し、効果を上げることに成功しました。

▎人間力の重要性

　私は自組織でこの手法を実践していったのですが、コーチングを人に教えるのは難しいと感じていました。それは、コーチングを指導する会社は、「コーチングはスキルだから誰でもできます」と言うのですが、実際には誰でもできるスキルではないと感じていたからです。

　コーチングを行う人の人格、人間力が最重要で、それがコーチングがうまくいくかどうかを決めると感じていたからです。その後、私は実際のコーチング指導を経て、コーチングを行うにはテクニックではなく、人の可能性を信じ、成長してほしいという気持ち、意思が重要で、それさえあればテクニックはあまり重要ではないと確信するに至ります。

　この人間力というコーチングを行うベースについては、私は中国人リーダーから教わりました。カシオ計算機を辞めた後、私は大前研一氏の

コンサルファームに転職し、中国ビジネスに携わり、中国の方々と一緒に仕事をしました。その時、それぞれの人の価値観に気づき、認めることの重要性を教えてもらったのです。これができることが人間力につながることを学びました。人間力、ファシリテーション、コーチングを活かしてマネジメントを行ったところ、国を超えとても良いチームができ上がり成功しました。これが私の原体験になりました。

　この体験から私は、マネジャー向けのグローバルリーダーシップ「コーチアプローチファシリテーション®」メソッドを開発しました。

コーチアプローチファシリテーション全体像

　私のメンターから、「この考えを多くのリーダーに広めることがあなたの使命だ！」という後押しもあり、2009年に人材育成を行うコンティニュウ株式会社を設立し、以来多くの企業様で、組織開発に向けての研修を行うと同時に、リーダーに向けて個別のコーチングを行っています。

大山のコーチング

　私は、コーチはクライアントさんの応援者だと考えています。仕事だけでなくクライアントさんの人生をより良いものにしたいと思っています。NLP心理学、マインドフルネスも活用し、クライアントの皆さんが自身の可能性に気づき、実際に行動を起こし、経験から学び、成長していく過程のパートナーになりたいと思います。社長、役員、部長からチームリーダー一般まで、幅広いコーチングを行っています。私は自分のこれまでのビジネス経験に加え、多くのコーチングから学ばせていただいています。この経験から孤独な時もあるリーダーの相談役として、可能性を拡大するアドバイスをさせていただくことも私の強みだと思っています。

　もし私のコーチング、組織開発手法にご興味を持っていただけましたら、ご遠慮なくコンタクトをお願いいたします。まずお話しさせていただくことから、新しい世界が開けると確信しています。

〈プロフィール〉**大山 裕之**（おおやま ひろゆき）

コンティニュウ株式会社 代表取締役社長／名古屋工業大学講師

パイオニア、カシオ計算機、大前研一のコンサルティングファームを経て人材育成会社を2009年に創業。人間の本質、コーチングをベースとした人材開発、組織開発手法を多数開発。心理学理論からわかりやすく実践的なメソッドで2万人以上の管理職を指導、同時に企業リーダーのコーチングを行い成果を上げている。その教育に対する熱意と笑顔の講義には参加者から高い評価を得ている。

コーチ歴	1999年から	セッション人数	約500人
コーチング時間	約4,000時間	主なお客様の年齢層・性別	20代〜60代 男性・女性
活動拠点	東京都市部、名古屋市内／対面・リモート		
資格	ICF　国際コーチ連盟　認定プロフェッショナルコーチ　PCC IAF　国際ファシリテーション協会　認定プロフェッショナルファシリテーター　CPF 米国NLP協会　認定トレーナーアソシエート コーチアプローチファシリテーター連盟認定マスターコーチアプローチファシリテーター		
主な相談のテーマ	・キャリアアップ　自己実現 ・チームビルディング ・組織開発		
コーチング商品および価格 （時間・回数）	パーソナルコーチ、組織開発コーチ、エグゼクティブコーチ 組織開発支援　コーチング研修等、リーダー向け研修 価格は応談させていただきます　必要な方に提供したく思います		
コンタクト方法・連絡先	ホームページ：https://cntn.co.jp メール：ooyama@cntn.co.jp 問い合わせ：https://ssl.form-mailer.jp/fms/7e132fba286756		

対話であなたの可能性を解き放ち、自らの力でパラダイムシフト（物の見方・価値観の大転換）が起こせるよう徹底して伴走します。

対話によって 個人と組織の可能性をひらく

株式会社メディカル・エージェンシー・ジャパン　代表取締役／皆川 敬

▌コーチングとの出合い

　私は介護事業を中心としたグループ企業を統括しています。関連8法人、職員さんは400名になります。その企業経営の中で5年程前まで常に悩んできたのが自身のリーダーシップについてでした。数名の仲間と事業を開始し、徐々に組織が拡大していく中で、なんとかこの会社を統括しなければならないという責任感から、いつしか自らの人間性とは異なる「リーダー」を演じながら**指示型のリーダーシップで引っ張る**しかなかったのです。なぜリーダー層が育たないのだろうとか、部下にエンパワーメントしたいのにできない、そうしたジレンマを抱えていた時に友人の勧めで出合ったのが「コーチング」でした。

▌私自身のイラショナルビリーフ

　まず、自らがコーチをつけてセッションを重ねていく中で気づいたのは、特にビジネスの話になると「**ねばならない症候群**」にハマり込んでいたということでした。コーチから「結局、皆川さんはどうしたいのですか？」といわゆる "want to" を聞かれているのに、口から出てくるのは常に「私は代表として**こうあらねばならない、○○をしなければならない**」という "have to" ばかりだったんです。そして仕事も人生

も、こんなに苦しい中でどうやって壁を乗り越えていくのか？という前提を勝手につくっていました（笑）。その頃は、どんなに苦しいことがやってきても動じない私になる、というのが私の価値観でした。

　経営者たるもの自らの責任を小さく考えて「○○したい」と素直に無邪気になってはいけないとか、苦悩に満ちているのが経営であり人生じゃないかという**イラショナルビリーフ（非合理な思い込み）を抱えている**ことに、「コーチング」を受けたことで気づいたのです。別に楽しく社長をやったっていいし、心から笑ってもいい、楽しんでもいいんだと。今となっては笑ってしまうほど勝手に思い込んでいた自身の「ビリーフ」を、コーチングによって**手放す**ことができたんですよね。それで人生が本当に変わりました。自分の目で見るもの、耳で聞くもの、手で触れるもの、毎日の生活に大きな変化がありましたね。大げさじゃなく。

　そこから私自身もコーチングを本格的に学び、資格も取得し、さまざまな立場の方にセッションを提供するようになったんです。

■ 得意とするコーチングセッション

　私が得意とするクライアントさんの属性は、組織のリーダー層や経営陣です。リーダー層へのコーチングは主にリーダーシップ開発の中で行うことが多いです。6回を1セットとして3カ月伴走するパターンのセッションをご紹介致します。

　法人がスポンサーになっている場合ならば、「○**年後にどういったリーダーに成長していたいか**」等、数年後の未来図を描くことが多いです。一方、個人のクライアントさんだと初めて体験される方も多く、自らテーマを設定するのもなかなかハードルが高いこともあります。そうしたケースでは、こちらに示した流れ（P.203）で6回のセッションを行い、前半では自身のことを深掘りし、自らの価値観、強み・弱みを明確にして、後半では○年後の自分はどうなっていたいかという「**未来図**」**をコーチの私と共に具体的に描いていく流れになります**。6回のセッシ

ョン終了後に目指したい目標が明確になります。その後は、そこへ向けてどう進んだらいいかというテーマで次のセッションにつながっていきます。

これから目指す先は

~対話によって個人と組織の可能性をひらく~

冒頭にお伝えした通り、私のメインの仕事は会社経営であり、多種多様の専門職を統括しながら組織をマネジメントすることです。また、これまでM&Aを複数経て事業拡大してきましたので、M&A後のPMI（統合プロセス）において多くの職員に1on1のセッションを重ねながら企業文化の統合を推進してきました。

そうしたキャリアもあるため、コーチングにおいてさまざまなクライアントさんから要望されるのは、会社経営者としての経験からのアドバイスです。本来、純粋なコーチングは、ティーチングやアドバイスはしないものです。しかし、傾聴だけで終わる対話では「人の可能性」をひらくことはできません。ですから、自らの経験を活かしてクライアントさんに**いかに有効なフィードバックを行うかは常に意識**しています。

特に経営陣の方とのセッションでは、コーチとしてクライアントさんが今課題にしていることについてどう感じたかが求められます。私も、そこにかなりの力点を置いています。

また、コーチングの学びと共に私はキャリアコンサルタントやプロティアンキャリア、そして経営学修士（MBA）などの知識も柔軟にセッションの中に取り入れています。コーチングコミュニケーションを軸とした1対1の対話をクライアントさんの希望に合わせて展開したり、新しい「型」を常に模索し、コーチ仲間と**これまでにないセッションを開発中**です。

最近では組織開発のニーズが大変高まってきていますが、組織開発と言っても1対1の対話こそが重要であり、そこにプロコーチである我々

が果たせる役割もますます広がってきています。**「対話」によって個人と組織の可能性を最大化**する、このパーパスの実現に向けてこれからも精進していきます。SNSもさまざまに運用したり、YouTube配信、音声メディアの情報発信などを日々行っていますので、私のアカウントにぜひお気軽にお声がけいただけると嬉しいです。

コーチングセッションの流れ（全6回）

第1回	コミュニケーションタイプ確認
2回目	価値観ワークセッション
3回目	強み・弱みの発見
4回目	360度フィードバック
5回目	どんな自分でありたいか（〇年後の未来図）
6回目	エバリエーション（振り返り）

（あくまで一例）

〈プロフィール〉皆川 敬（みながわ たかし）

サニーウインググループ代表。介護事業を中心とするグループ企業（株式会社メディカル・エージェンシー・ジャパンほか関連8法人、職員400名）を経営。個人事務所としてオールグリット合同会社を設立（現在4期目）。コーチング、コンサルティング、メンタリングを個人と組織に提供。「対話によって可能性を最大化する」ことをモットーに1on1サービスや研修を展開している。コーチングによってキャリアや人生が変わったという出会いを多数経験。

コーチ歴	2019年から	セッション人数	約100人
コーチング時間	約500時間	主なお客様の年齢層・性別	20代〜50代 男性・女性
活動拠点	新潟県／対面・リモート、どちらも対応可（コーチング、研修、セミナーはほぼリモートで提供）		
資格	国際コーチング連盟認定アソシエイト認定コーチ 経営学修士（MBA） 国家資格キャリアコンサルタント		
主な相談のテーマ	・自分の軸を持って生きていくにはどうすればいいか？ ・今後の自分のキャリアについて悩んでいる ・モヤモヤしている状態からどうやって行動に移していけばよいか？		
コーチング商品および価格（時間・回数）	・パーソナルコーチング（あくまで1例／1時間1万円〜、全6回1セット）契約期間中はメールにてサポート対応無制限。 ・エグゼクティブコーチング（1時間3万円〜）契約期間中アセスメント、フィードバックシート等提供含む。 ・法人契約は別途個別相談。		
コンタクト方法・連絡先	X（旧Twitter）: https://twitter.com/aqua_x_22 note: https://note.com/aqua_x_22 「対話によって個人と組織の可能性をひらく専門家」_みなっくのブログ@All_Grit YouTube: https://www.youtube.com/@Live-xv9qo/streams メール: t.minagawa@all-grit.co.jp		

明るく元気！　笑顔とスピード対応を心がけています。お互いに意見交換を十分に行い、貴社の経営課題を解決へと導きます。

組織はリーダー次第で結果が決まる

Engrant　代表／新井賢治

　企業におけるTOPリーダーと言えば、もちろん経営者である「社長」です。企業は組織として細分化されており、事業部は「部長」、課には「課長」と、それぞれに「リーダー」が存在します。そのリーダーたちの日頃のマネジメントやリーダーシップによって、当然のことながら事業活動による結果は大きく差がつきます。簡単に言えば優秀なリーダーならば業績好調、組織の風通しも良好、部下である社員たちの成長もうかがえます。逆に劣等なリーダーならば業績不調、組織コミュニケーションも悪く、退職者が続出するでしょう。これが社長だとするならば、倒産という最悪な趨勢となります。

企業の使命は永続していくこと

「過去最高の経常利益！」や「前年対比200％ UP」など好業績にしていくことは素晴らしいことであり、会社経営をしていく中では先々の安心材料になるでしょう。もちろん業績も重要ではありますが、企業にとって最大の使命は「永続」していくことです。永続するということは「お客さまの信頼」や「従業員の貢献意欲」を得なければなりません。どちらか一方ではダメなのです。

経営者の役割は意思決定とチェック

　国内には約420万社420万人の経営者が存在しています。経営手法はそれぞれですが、結果は極端に言えば成功か失敗のどちらかです。今まで多くの成功する経営者とご縁をいただきましたが、どのような役割を欠かさず実行しているのかと言えば、そのほとんどは「意思決定」と「チェック」です。PDCAサイクルでいう「P」と「C」と言えばわかりやすいでしょうか。

「意思決定」とは業績目標や経営方針、組織、人事、要員計画など経営の主たる部分を決定することです。5年後・10年後にどのような会社になるか中長期ビジョン（例えば新分野への参入、営業テリトリーの拡大、社内インフラの強化、社員旅行は海外など）を描くのも、意思決定の1つです。このように会社が目指す目標や先々の変化、また、従業員が働く上で「明確な役割」を与えられ、かつ社長や上司（会社）から期待されれば、従業員のモチベーション向上や、今まで以上に会社に対する貢献意欲が醸成されることは間違いありません。

　ところが、ご承知の通り経営はそんなに甘いものではなく、中長期ビジョンを意思決定しただけで、その通りの会社になるなんてことはありません。ビジョンに近づけていくために日々のチェックが必要です。

「チェック」とは事業計画に対する実績（業績）を前年対比や目標と比較して把握することと、方針や指示を現場が実践しているかを把握することです。実績は月次決算や財務三票（P／L、B／S、C／S）の結果で把握することができますが、現場のチェックは組織が大きくなればなるほど困難です。チェックに長けている経営者は、仕組みやツールをもとに日々欠かさず「現場の把握」をしています。日報、現場巡回、管理職からの報告など仕組みはさまざまですが、大事なことは「継続してチェックし続ける」ということです。中小企業によく見られる傾向ですが、新しいツールや各種制度を導入しても、社員から見ると抵抗があったり

警戒したり、本音では最初から受け入れていないため、正しい情報を得るまでには時間がかかるのです。だからこそ、継続してチェックの「量」を増やすことで、精度という「質」が上がってくるのです。

　チェックができない経営者の多くは、やってはみたものの「あまり効果がない」と早期に断念してしまい、続けられないことが原因のほとんどです。

　このように「意思決定」と「チェック」を繰り返し実践することで、会社は中長期ビジョンに少しずつ近づいていきます。もちろん結果が出ない時もあるでしょうが、その時は再度中長期ビジョンを見直すという意思決定をすればよいのです。結論としては、お客さまの期待に応え、競合他社には一目置かれる、また従業員は貢献意欲に満ち溢れている。このような会社にしていくことが理想ですね。

観察力という魔法

　私は日本全国の中小企業（現在40社）とご縁をいただき活動しています。そのきっかけは経営課題の相談を受けることが多く、特に「人事制度」の相談が7割ほどで、細かく言えば「人事評価制度」「賃金制度」「教育制度」といったところです。

　ここでは人事評価制度について少し話をしたいと思います。ご存知の通り、人事評価制度は従業員の刺激になり、競争意欲や向上心を高めるなど、社員のスキルや内面をプラスにしていくものであり、また評価者となる上司は部下の業績や仕事ぶりを的確に把握し、公平に評価するといったマネジメント力が向上していき、組織の活性化には最高の手段の1つです。

　この人事評価制度を最高の手段にしていくためには、当然精度が問われます。

　1．評価制度導入目的や評価項目の設定は、経営理念や経営方針と方向性が合っているか？

2．期待値を明確にし、きちんと運用がなされているか？（要チェック）

3．評価結果に対するフィードバックに経営者は同席しているか？

4．評価結果と賃金は紐づいているか？

　1〜4については仕組み化していくことと継続することで、徐々に精度は上がっていきます。

　それに付随して、とても重要なのは評価者である上司の「観察力」です。部下の人柄や仕事の力量を一番把握しなければなりませんし、部長や社長から報告を求められた時に、メモやノートを見て的確に報告できるのが優れた上司と言えましょう。そうするために上司は自身の仕事の他、部下の仕事ぶりを「目」と「口」と「耳」と「手」を使って観察することが必要です。

　こんなエピソードがあります。人事評価制度を導入する企業で観察力を知るために「部下の良いところを褒めてください」という質問を投げたところ、その会社の社長がすらすらと経理担当の女性社員を褒めました。その女性社員は余程嬉しかったのでしょう、思わず涙が溢れてしまったのです。これこそ、日頃の観察力のたまものです。

　人事評価制度は結果だけで評価するのではなく、部下を観察して良いところは褒める、悪いところは指摘して改善させる。このようなプロセスも必要で、上司のマネジメント力、部下のスキルアップも評価に紐づくことで組織力が高まります。

　私は雇用する会社と働く従業員がお互いを信頼し、それぞれが貢献し合える環境整備のお手伝いをして、「この会社だから働きたい」と言える会社を増やしていくことを活動の「志」としております。

〈プロフィール〉**新井 賢治**（あらい けんじ）

Engrant　代表
1973年2月26日　東京都立川市出身
大学卒業後17年勤務した会社を退職。5年前にコンサルタント業で独立し、過去に培ったノウハウを活用し、人事評価制度、教育制度、課題改善型の研修プログラムを企画・開発し、日本全国30社以上の経営支援に従事している。中小企業を中心に職場環境改善や制度設計の構築、運用の支援を通じて経営改革の実現に寄与している。

コーチ歴	2017年から	セッション人数	3〜5名（教育研修除く）
コーチング時間	——	主なお客様の年齢層・性別	40代〜60代男性・女性
活動拠点	東京都が活動拠点ですが、対応は全国各地となります。場合によっては「ZOOM」でも対応しておりますので、遠方でも遠慮なくご相談お待ちしております。		
資格	CSV経営デザイナー 松下幸之助理念経営実践ゲーム公認ナビゲーター 戦略マネジメントゲームインストラクター		
主な相談のテーマ	経営課題解決 人事制度（人事評価、賃金制度、教育制度） 職場環境整備		
コーチング商品および価格（時間・回数）	・経営支援／各種制度設計（月2回@3時間程度） ・教育研修（複数回によるパッケージ） ・価格は内容や回数により応相談となります		
コンタクト方法・連絡先	ホームページ：https://www.engrant.net 問い合わせ：k.arai@engrant.jp		

第 **5** 章

ビジネスのエグゼクティブや経営者を支援する「エグゼクティブコーチ」おすすめの12人

複雑化・多様化によるVUCA時代のビジネス環境において、経営者や上級管理職者は、組織を率いる重責に絶えず強いプレッシャーを感じています。エグゼクティブコーチは、組織盛衰の鍵を握る経営トップ層が、自己洞察を通じて活路を見出せるように伴走します。

責任・謙虚・誠実さを持って、あなた（個人・法人・組織）の価値観、信念、行動が一致するよう、慎重に気を配り伴走し支えます。

利休の教えにも通ずる エグゼクティブコーチングの 冒険と智慧
─ 安土桃山から現代へ ─

一般社団法人東京コーチング協会　代表理事／士野 楓

■ エグゼクティブコーチングは安土桃山時代にもあった

まだ「コーチ」という名前もなかった時代ですが、安土桃山時代に堺で活躍した商人と言えば、聞き覚えがある方も多いのではないでしょうか。千利休、その人です。日本で最初、もしかしたら世界で最初のエグゼクティブコーチだと私は確信しております。

みなさんご存知の通り、利休は茶道の精神を研ぎ澄ませて大成させた茶人で、「茶聖」と呼ばれています。しかし同時に、非常に成功した商人でもありました。

利休は、四畳半の小間（こま）（妙喜庵待庵（みょうきあんたいあん）はわずか2畳）に座し、茶道をツールにして世間の動向を掌握したり、人を巧みに操った人物だった、と私は見ています。あの小さな茶室は完全に秘密が守られる密室で、時の政権を握っていた秀吉や有力大名たちが、自らの野望や悩みまでをも安心して語っていたのではと考えていますが、いつ、誰が、何を話していたのかは誰も知りません。これこそが、現代でいうエグゼクティブコーチングそのものなのです。

私のコーチ人生で一番大事にしている言葉は、皆さんご存知の「一期

一会」と、「茶は服のよきように」です。「一期一会」は改めて説明する
までもないほど有名な茶道の基本精神です。主と客が、一生に一度の出
会い、再び訪れることのない機会を、今この時に共有するという宇宙的
規模の心構えです。私は、コーチとしてのみならず人として生きるため
にも、この言葉をとても大切にしています。コーチングにはクライアン
トさんを大切に思う気持ちが必要で、その説明にこの言葉はぴったりな
のです。なぜなら、信頼関係を築かなければ意味がないからです。

「茶は服のよきように」は、「利休七則」の最初に出てくる平易な一文
です。「服」とは飲むことで、客の気持ちを察し、「よく状況を考えて心
を込めて点てるように」と言っています。徹底的に「相手の立場、気持
ちになって考える」ことが、客へのおもてなしです。

　VUCAの時代を生きているクライアントさんはダイバーシティに満
ちていて、一人ひとり違います。どこが違うのか、何が求められている
のか、そこを素早く的確に汲み取ることができれば、信頼関係も堅固に
なります。これをコーチング用語ではテイラーメイドのサービスを提供
する、と言いますが、間違えてはいけないのは、コーチングは何かを教
えることではないということです。クライアントさん自身が主体性を持
ち、自ら感じて、考えて、気づき、選択するのを、傍らで支援するとい
う関係です。まさに、「よく相手の立場や気持ちを考えて心を込めてお
茶を点てるように」ですね。

経営者として人を深く観てきた経験と、数多い失敗経験の強みを活かして

　大学を卒業後20代で飲食業を起業し、30年間も事業を続けてきた経営
のエキスパートの私が、プロコーチに転身してわずか７年で国際コーチ
ング連盟認定マスターコーチ（MCC）、東京コーチング協会認定マスタ
ーコーチ（TCAMC）を取得し、2018年からは韓国亜洲（Ajou）大学経営
大学院修士課程コーチング専攻の教授を務めています。今も学期中は韓
国に滞在しながら、大学院の講義と同時に、日本企業の韓国現地法人の

エグゼクティブにコーチングを提供しています。私のクライアントさんの中にはプロコーチが多く、彼らのコーチ業の自立（自律）とブランディングの向上をサポートさせていただいています。

日本人でMCCが68名（2023年12月現在）、TCAMCは2名（2023年12月現在）の中、私のコーチ歴は決して長くはありませんが、約10年ほどで有料セッションの実績は、13,000時間（2023年12月現在）を超えています。私がセッションをするクライアントさんは、「もっと社会に貢献するには、どうあるべきか」と自分自身に向き合っているCEOをはじめとするエグゼクティブの皆さんや、「コーチとして誰かを応援したい」と願いプロコーチを目指しているコーチの皆さん、すでに立派な社会人の方で「もっと組織内の部下を育成したい」とお考えの皆さん、あるいはまた、人生100歳時代の今日、「もっと自分らしくセカンドライフを真剣にデザインしたい」というビジョンをお持ちのMBAの皆さんなど、実にさまざまなニーズをお持ちの方々ばかりです。そのようなお声に耳を傾け本心を汲み取れるのも、異色の経歴を持ち、失敗も含め波瀾万丈の人生の中で、「人物を観る眼」を養ってきたからこそだと考えております。

最後に

私は、振り返ると24歳で起業して以来30年間、CEOとして孤独な闘いの日々だったと思います。社員にはもちろん、家族にも友達にも話せないことも多く、経営トップにしかわからないプレッシャーの中で格闘していました。もしあの時代に、私の心理的安全性を確保してくれるマイコーチがいたとしたら、たとえ結果は変わらなくとも、「話すこと」で自分の思考を整理でき（オートクライン）、行動の選択肢が増え、もっとパフォーマンスの向上につながったかもしれません。

私の遅咲きのコーチ人生は、決して生やさしいものではありませんが、命のある限り、クライアントさんが語る言葉だけではなく、口には出していない心の声にも真剣に耳を傾けていく修業はまだまだ続きます！

〈プロフィール〉士野 楓（しの かえで）

1958年 2 月20日生まれ。
一般社団法人東京コーチング協会代表理事
韓国亜洲（Ajou）大学経営大学院コーチング専攻教授
東京コーチング協会認定マスターコーチ（TCAMC）
国際コーチング連盟認定マスターコーチ（MCC）

コーチ歴	2013年から	セッション人数	約500人
コーチング時間	約13,000時間	主なお客様の年齢層・性別	40代〜60代 男性・女性
活動拠点	東京都、静岡県、韓国ソウル、京機道はリアル対応可、現在タイ、英国をオンラインで対応しています／対面・リモート、どちらも対応可		
資格	東京コーチング協会認定マスターコーチ（TCAMC） 国際コーチング連盟認定マスターコーチ（MCC）		
主な相談のテーマ	・セカンドキャリア（ライフ）のデザイン ・生き方、生き様の確立 ・後継者確立、後悔なき人生 ・コーチ業のブランディング		
コーチング商品および価格（時間・回数）	・パーソナルコーチング（メンタリングを含む）：1 回／110,000円（税込）年20回（1 回／60 〜 90分）の年間契約 ・エグゼクティブコーチング：1 回／220,000円（税込）より ・グループ、チームコーチング：先方のニーズに添った協議の上、決めさせていただきます。		
コンタクト方法・連絡先	ホームページ：https://tca.tokyo/coachlist/shino/ メール：shinocoach@gmail.com		

あなたへの共感、尊敬、感謝の気持ちを持ちながら、あなたの奥底
の"どろっとした"感情に本気で向き合うセッションを行います。

コーチングスタートアップ経営者とエグゼクティブコーチとして、実現したい私のビジョン

ZaPASS JAPAN株式会社　代表取締役CEO／足立愛樹

　私は現在、2つの役割でコーチングを仕事にしています。1つは、コーチングスタートアップZaPASS JAPAN株式会社（以下、ZaPASS）の経営者として、もう1つは、経営者の方々のエグゼクティブコーチとしてです。

　コーチングの価値を実感した体験や、起業・コーチ活動の経緯、それらの活動すべてに通ずる私のビジョン「自分らしく笑える大人と、未来が楽しみな子どものために」に込める想いについて、まとめてみました。

　私の話が、経営者ならではの葛藤を持たれている方や、ビジョン実現を共に目指す仲間としてご一緒できるコーチの方々のお役に立てる機会につながれば嬉しいです。

起業のきっかけ

コーチングでの起業とコーチ活動のきっかけは、自分自身がコーチン

グを受けてその効果を実感したこと、さらに、ビジネスシーンでのコーチングの価値を体感したことです。

コーチングを初めて受けたのは、前職のスタートアップで、香港、台湾、フィリピンの3拠点の統括というミッションを課されていた時でした。自分にとってチャレンジングな環境でしたが、コーチングを受け、自分の心の奥に眠っていた願いや想いに気づくことで、意思決定を円滑にできるようになったり、行動が変わり、自分らしい人生を掴めている実感がどんどん大きくなったりと、確かな変化を実感しました。

それを受けて、マネジメントにもコーチングを取り入れるようになりました。すると、各拠点で予算達成という成果に結びつき、さらに、メンバーからは「これまでで、一番やりがいと充実感がある時間だった」という声をもらいました。

これらの経験が、社会人になってからずっと考えていたテーマ「子どもたちが未来を楽しみにできる社会にしたい。その実現につながる仕事をしたい」という想いとリンクしたんです。

「大人が自分らしい人生を歩めるようになれば、そんな大人を見た子どもたちも、自分の未来を楽しみに思える。コーチングなら、このポジティブな連鎖を起こせる」と思い、コーチングの会社を立ち上げるとともに、コーチングを学び、自らコーチとしても活動を始めました。

経営と個人活動の両軸で、ビジョン実現に向けて伴走する

現在は、コーチングを受けたいビジネスパーソンと適切なコーチをつなぐマッチング事業、コーチングスクール事業、企業のコーチング導入を支援する法人事業の3事業を運営するZaPASSを経営しながら、これ

までのキャリアやZaPASSの経営経験を糧に、エグゼクティブコーチとして経営者の方々をご支援させていただいています。

　コーチとして、日本で著名なベンチャーキャピタルのパートナーの方や、年商80億の会社を一代でつくられた創業代表の方、元日本代表のプロサッカー選手など、幅広い層の方々にコーチングさせていただきました。また、会社を通して4,000人以上のビジネスパーソンを支援し、皆さんそれぞれのコーチング体験に伴走してきました。

　これらの経験をもとに、私のコーチングでは、葛藤を切り口に、普段は表に出せない、奥底５％にあるような"どろっとした"感情に重点を置き、それらを出した上で、心から願う目標とそれに向かう意思決定を支援しています。

　そういった感情を出すのは抵抗があると思いますが、他者には話しにくい部分にこそ、パワフルな行動と変化を生み出す願いへのヒントがあります。クライアントさんに安心して話していただけるよう、私自身が奥底の感情に向き合い、吐き出し続けることや、同じ経営者としての共感やリスペクト、感謝の気持ちを伝えることを意識しています。それを受け取り、私を信頼して感情を出してくださるクライアントの皆さんには、心から感謝しています。

　経営層に最も多いのは、自分で自分の可能性に制限をかけているケースです。リーダーとしての正解は、１つではありません。関わる人、大切にしたい人が増え、意思決定はより複雑性を増していく中で、"あるべき"という枠にとらわれず、自分自身はどんなリーダーでありたいかを自問自答し続けることがリーダーには重要です。コーチとして、そのお手伝いをさせていただけることを喜びに感じています。

自分らしく笑える大人と、未来が楽しみな子どものために

　私が目指しているのは、「自分らしく笑える大人と、未来が楽しみな子どものために」というビジョンの実現です。これは、経営するZaPASSの会社としてのビジョンでもあります。

　ビジネスパーソンの中でコーチングが広く活用されるようになれば、ビジネスシーンや日常の対話がより豊かになる。それは大人同士だけではなく、大人が子どもに向き合う場面にも波及して、子どもの感情を受け取り、可能性を育むコミュニケーションが増える。そうやって、ビジョンの実現につながると信じています。

　今後も、エグゼクティブコーチとして一人ひとりのクライアントさんに向き合いながら、ZaPASSを通して多くのコーチ・ビジネスパーソンとご一緒し、ビジョンに向かって進んでいきます。

〈プロフィール〉**足立 愛樹**（あだち あいき）

立命館大学理工学部卒業、株式会社イルグルムに新卒入社。マーケティングデータ分析国内シェアNo.1製品の企画戦略立案を担当。2017年にAnymind Group入社。香港法人を立ち上げから2年で35名の組織へと成長させ、中華圏3拠点のマネジメントを推進。その後グループ本社社長室長に。2019年2月ZaPASS JAPANを設立、代表取締役CEOに就任。約200名のコーチが登録、累計4,000名以上のビジネスパーソンや日本を代表する大手上場企業が導入するコーチングプラットフォームへ成長させる。

コーチ歴	2019年から	セッション人数	約200人
コーチング時間	約550時間	主なお客様の年齢層・性別	30代〜50代 男性・女性
活動拠点	東京都／リモート		
資格	ISO 30414 リードコンサルタント／アセッサー		
主な相談のテーマ	・ビジネスシーンにおける葛藤・意思決定 ・経営方針・ビジョン ・職場での人間関係		
コーチング商品および価格（時間・回数）	1時間・3回〜、金額は応相談		
コンタクト方法・連絡先	ホームページ：https://zapass.co/about/member/aiki-adachi メール：info.zapass@zapass.co		

> 私は、あなたのロールモデルになれるよう日々努力します。AIや新たな経営フレームを駆使して、革新的なコーチングを提供します。

※ロールモデル：模範となる人物の意。

進化する
エグゼクティブコーチング

株式会社エム・シー・ジー　代表取締役／久野正人

エグゼクティブコーチングの本質とは？

　エグゼクティブコーチングとは、経営者や経営陣などの組織トップリーダーの成長を支援するプロセスです。ビジネスコーチングとの決定的な違いは、組織トップリーダーとしての成長のための本質的課題解決に焦点を当てることです。世の中の価値観、テクノロジーや世界情勢が目まぐるしく変化する今日では、普遍的なリーダーシップ論だけでは不十分です。

　私のコーチングでは、以下の5つの本質的課題を新たなテーマとしてクローズアップしています。

アンラーニング：

思い込みを捨てて新しい視点を得る

　アンラーニングとは、古くなったり、効果的でなくなった知識やスキル、態度や行動を捨てることです。

　アンラーニングにより、エグゼクティブは自分の思い込みや偏見を取り除き、新しい視点やアイデアに対してオープンになります。アンラーニング力は、エグゼクティブが変化に対応し、柔軟性や創造性を高める

221

ために今や必須です。多くの成功体験を持っているエグゼクティブであるがゆえに、いったんそこから離れて、ニュートラルな状態に自分を意図的に置くことが重要です。そのためには、ステイクホルダーからの定期的なフィードバックを受け入れることが効果的です。また、自分の専門分野以外の人たちと交流し、多様な考えに触れることで、自身の視野、視座、視点を変えることができます。これは、自分の中にある内弁慶を打破することにもつながります。

オペレーティングシステム(OS)のアップデート:

価値観に基づく思考と行動スタイルを見直す

オペレーティングシステム（OS）とは、エグゼクティブが持つ価値観に基づく思考と行動スタイルのことです。アンラーニングの次の工程として、自身のOSを見直すことを意味します。現在のOSをそのまま継続（Keep）するものもありますが、何らかの変化を加えて継続させる（Change）、やめてしまう（Stop）、そして新たに始める（Start）、これら4象限に分類することをコーチングで促します。OSのアップデートにより、エグゼクティブは自分の意志や目的を明確にし、自分の行動や選択を世の中の最先端の価値観、環境変化に適応させることができます。これは、エグゼクティブが自己成長や自己実現を達成するために必要であるとともに、変化の激しい環境で組織を成功に導く本質的な取り組みです。

ネガティブ・ケイパビリティ:

不確実性や曖昧さに耐える能力

ネガティブ・ケイパビリティとは、不確実性や曖昧さに耐える能力です。ネガティブ・ケイパビリティを持つエグゼクティブは、すぐに答えを出そうとせず、問題や状況を深く理解しようとします。反対概念のポジティブ・ケイパビリティは、「課題に対し情報を大量に収集し、最良

の解を見出して、即実行する力」であり、現代社会の価値観としてほぼすべてのエグゼクティブが兼ね備えています。エグゼクティブはこのポジティブ・ケイパビリティに基づく行動を日々実践し、高度な課題解決に取り組んでいます。

　しかし、それだけでは不十分です。ネガティブ・ケイパビリティは、そういったポジティブ・ケイパビリティにプラスαで求められる能力で、エグゼクティブが複雑性や多様性に対処し、より賢明な決断を下すために必要です。多忙な日常の中に「余白」を意図的につくり、スピード解決一辺倒ではない機会を持つことで、難易度の高いビジネスの課題に向き合うことができます。これは、エグゼクティブが「空杯の心」を持つことにも通じます。

パーパス：

企業と個人の存在意義を問い直す

　パーパスとは、企業や個人の存在意義・生きる意味のことです。資本主義の再構築の兆候が顕著になっている昨今、企業のパーパスを問い、その答えをエグゼクティブが考える機会をコーチングで提供しています。利益追求や株主価値の最大化だけがビジネスの目的なのか、という問いにエグゼクティブとしてどう答えるか。このテーマは人的資本経営にも関連してきます。

　多くの企業が「社員一人ひとりの幸せ、生きがい」を理念に掲げる中、社員一人ひとりに自分のパーパスを考えてもらい、それを仕事でどう実現していくかを社員に問いかけ、考えてもらう機会をエグゼクティブが率先して提供していくことが重要です。それは、企業のパーパスと社員のパーパスのオーバーラップ領域の発見であり、人的資本経営の本質です。パーパスを持つことで、エグゼクティブは自分の仕事に対するモチベーションや責任感を高めるとともに、社員やステイクホルダーとの信頼関係を築くことができます。エグゼクティブが個としてのパーパ

スを持ち、自分の仕事に対するモチベーション、責任感、そして覚悟を高め、社員のロールモデルを目指す。これによって、社員やステイクホルダーとの信頼関係を深めることができます。

組織への浸透:

ビジョンや戦略を組織内に広める

どんなに素晴らしくて魅力的な企業ビジョン、方針、戦略等を立てても、それらをどう組織内に浸透させていくかという大きな課題にエグゼクティブは必ず直面します。エグゼクティブ個人の成長はあくまで個人の成長であり、組織の成長につなげて成果を残せてこそ、エグゼクティブコーチングの投資対効果が最大化されると言えます。

組織内にはさまざまな価値観や目標を持つ人たちが存在し、ビジョン等に対する関心や受容度も異なります。マーケティング理論の1つである「キャズム理論」を応用することで、組織内のメンバーを顧客タイプに見立ててビジョン浸透の戦略を考えることができます。エグゼクティブは早期に自分のフォロワー（賛同者）をまずはつくること。そして、賛同者に権限を与え、賛同者の影響力を組織に展開させるよう促し、マジョリティである無党派層から納得と共感を獲得することで、ビジョン等の浸透が完成します。これは、エグゼクティブが「リーダーシップ」を発揮することにもつながります。

企業課題の難易度はますます高まっています。難易度の進化とともに、単にスキルではない本質的な課題に迫るコーチング、それがエグゼクティブコーチングの進化系ではないでしょうか。私は、エグゼクティブの成長をサポートするコーチとして、常に新しい課題に挑戦し、最適な解決策を自ら考えていただく示唆を提供することを目指しています。

〈プロフィール〉**久野 正人**（ひさの まさと）

独立後12年間で3,600回の1on1エグゼクティブ（社長、役員、部長）コーチング及び1,200回のグループコーチング（役員、管理職）を実施。社長、事業部長、経理財務責任者等の経営経験と日米企業4社（製造、IT、医療研究）でのグローバル経験（日系13年、米系17年）を活かしながらのリーダーシップ・コーチングに定評がある。経済同友会会員（2007～2019）、アークヒルズクラブ会員、日本アスペン研究所フェローズメンバー、日経ビジネススクール講師、ブルゴーニュワイン・シュバリエ。

コーチ歴	2012年から	セッション人数	約450人
コーチング時間	約10,000時間	主なお客様の年齢層・性別	40代～50代 ※企業の代表取締役、取締役、執行役員、部長
活動拠点	東京都／対面・リモート、どちらも対応可		
資格	BCS認定プロフェッショナルビジネスコーチ 日経ビジネススクール　ビジネスコーチング講師 ブルゴーニュワイン・シュバリエ（騎士団）		
主な相談のテーマ	・新天地への異動（高いポジションでの転職、社内昇進）での早期の成果達成 ・社長候補として、トップリーダーになるための要件とそれに向けての課題解決 ・エグゼクティブプレゼンス（トップリーダーとしての品格） ・組織ビジョンの浸透のための施策と対話力		
コーチング商品および価格（時間・回数）	https://www.mcginc.jp/service/coaching 「コース紹介」参照　価格は非公開		
コンタクト方法・連絡先	ホームページ：https://www.mcginc.jp/ 問い合わせ：https://www.mcginc.jp/contact		

誰よりもあなたを信じる"他信力"をモットーに、あなたの可能性
と夢や目標に本気で向き合い、熱量を持って応援いたします。

最高の自分を
超えてみませんか

アビリタ株式会社　代表取締役社長／柴山甲子朗

■ ブレイクスルーのきっかけは、もう自分の中にある

　何の前触れもなくやってくる理不尽。目標達成の前に立ちはだかる
壁。「自分のすべてを尽くしても、太刀打ちできないかもしれない」、そ
んなふうに思った時こそ、私の出番です。

　私の仕事は、あなたに「最高の自分」を超えてもらうことです。今ま
での人生で「これ以上のパフォーマンスはできない」と思うほど、活躍
した瞬間があったかもしれませんが、それを一緒に超えたいのです。

　まずは、私があなたの鏡として、自らのことが客観的に見つめられる
状況をつくります。ご自身がどんな思考性を持っているのか、現在の立
場や、過去の経歴、そして仕事以外のプライベートな出来事からも人間
性を紐解いていきます。

　そしてここを起点に、強みや才能、やりたいことなどを言葉にしなが
ら、これまで以上の自分を一緒に練り上げていきます。思考を変え、言
動を変え、振り返りをしながら、さらに自分を磨いていく。その繰り返
しに伴走するのが、私のコーチングです。

　成果が上がり始めれば、どんどん楽しくなるはずです。自らの固定観念の中に閉じ込めていた、本来の自分との出会いは、たまらなく刺激的で、時に、人生を変えるほどの力さえ持っています。

どんな人にも必ず、底力は備わっている

　このようにお伝えすると、
「自分なんかにすごい力があると思えないのですが……」
とお話しされる方もいらっしゃいます。
　非常にもったいない考え方です。
　コーチとして仕事をしている現在はもちろん、大学4年間のアルバイトで予備校のチューターをしていた時も、リクルートの仕事をして新規事業や営業部のマネジメントをしていた時も、本人たちの隠れた力が発揮され、大きな成果に結びついた瞬間を目の当たりにしてきました。
　断言します。どんな人にも隠れた力は存在します。
　本気で目の前の課題を見つめ、自分を変えたいという気持ちが強く働けば、必ず見つけることができます。
　そして、私には見つけてきた実績があります。
　依頼してくる方の半数以上は2代目・3代目の経営者。その他は、取締役などの経営層の方、部長クラスの方が中心です。
　業種は食品企業や電気工事企業、小売業などさまざま。規模感で言えば、従業員が数百人、売上規模が年間数百億円くらいです。
　彼ら彼女らと話をしていると、その奥底にある力に圧倒されることも少なくありません。
　コミュニケーションを重ねながら、底力の輪郭を浮き彫りにしていきます。
　全容がわかれば、あとはもう実行するだけ。
　高確率で目標達成を実現することができるようになります。

このように、依頼主の底力を発見し、困難を突破していくサポートをするのが私のコーチング。

自分の可能性を信じ、躍進できる日々を送りたい人に最適です。

理想に近づきたいと願っている、すべての人の力になりたい

ここまで力強く持論を語ってきましたが、私自身の学歴やキャリアは華々しいものではありません。

少なくともエリートと呼ばれるような人生ではないと考えています。

ただ、それは私の仕事においては大きなアドバンテージ。

コーチングは心をハダカにした状態から始まるからです。

どんなに自分に自信がなくても、どれだけ大きな目標を掲げていても、遠慮してお話をされてしまうと前には進みません。

「この人に自分なんかの気持ちがわかってもらえるだろうか」とか、「ちょっとでも背伸びしてバカにされないように話そう」などと身構えさせてはいけないのです。

だから、私のキャリアはちょうどいい。

どんなお悩みごとも、どんな夢や目標も、頭ごなしに否定したり、バカにしたりするようなことは一切ありません。

あなたがもしも迷っているのなら、ぜひ一度、お声がけください。

私も、人生の諸先輩たちにそうやって背中を押してもらいました。

青臭くて現実味のない話、甘ったれた話もあった筈ですが、それでも彼らは1つひとつの言葉を受け止め、的確にアドバイスをくれました。

そんな人がたった一人いるだけで力が湧いてくるし、未来が開けることも体感してきました。

あなたのターニングポイントになる日々を、ぜひ、ご一緒させてください。

そして、私自身もいろいろな人と出会いながら、自らの底力をもっと深く理解して成長していきたいと思います。よろしくお願いいたします。

〈プロフィール〉柴山 甲子朗（しばやま こうしろう）

1975年5月28日、愛知県出身。現在東京都在住
アビリタ株式会社代表取締役・エグゼクティブコーチ

多くの経営者、事業責任者の、その人らしい在り方を明確にし、組織や営業、採用、育成に関する課題解決を後押し。日本ガイシ株式会社や、リクルートグループでの経験に基づいた、現場感のあるコーチングは支持者多数。国際コーチング連盟認定プロフェッショナルコーチ

コーチ歴	2017年から	セッション人数	約200人
コーチング 時間	約2,500時間	主なお客様の 年齢層・性別	30代〜60代 男性・女性
活動拠点	東京／対面・リモート、どちらも対応可		
資格	国際コーチング連盟認定プロフェッショナルコーチ		
主な相談の テーマ	・経営におけるリーダーシップ、組織づくり ・部下マネジメント、チームビルディング ・独立相談、自己変革		
コーチング商品 および価格 （時間・回数）	エグゼクティブコーチング　半年50万円〜 コーチング研修　45万円〜／1日		
コンタクト方法 ・連絡先	ホームページ：https://abilita.co.jp/		

成人発達理論に基づいて深いレベルでの自己洞察と心の解放を促し、本質的な意識の変容と人生の創造を支援します。

コーチングという道を生きる

株式会社RIN SPIRAL　代表取締役／石原夏子

　最近、人生で感謝したいことを3つ挙げる機会がありました。「両親のもとに生まれたこと、娘を授かったこと、コーチングに出会ったこと」。迷わずそう答えた自分にハッとしました。それぐらい、コーチングは私にとって切り離せない人生の一部なのだと。

存在の純度

　コーチングは、クライアントの「存在の純度」をひたすら高めていく関わり方だと考えています。エネルギーが高まり、広がっていくことと言い換えてもいいかもしれません。

　悩みや葛藤、抑圧があると、人のエネルギーは分散し、あるいは相殺され、力強い行動につながりません。存在感や影響力も限定的になり、その人自身もなんとなく不完全燃焼を感じてもやもやします。存在を曇らせている不純物や覆いを取り去ることで、本質的な「その人」性が立ち現れ、そこを起点にクリアな選択と行動ができるようになります。

　私にはそれは、窮屈な人の鋳型に押し込められていたクライアントの存在が解き放たれ、最も本質的な部分を核として広がり、伸びやかな球体の星となって輝き出すように感じられます。何度体験しても鮮烈で、深い感動を覚える瞬間です。自らが多面的で、豊かな生態系を持つ唯一

無二の星であることにクライアントが気づき続け、自分らしい人生を創造していくプロセスを支援するのがコーチングだと思っています。

コーチとは「場」である

コーチとは「クライアントにとって、その時最も必要な変容が生起する場そのもの」だと捉えています。

良いコーチングの場は、深遠な静けさが根底にありつつ、場に刻々と生じる事象によっていかようにも変化しうるダイナミックさの内在する、精妙なエネルギーに満ちています。そのような場が立ち上がると、クライアントの意識が拡張し、感覚が開いて集中とリラックスが同時に起こり、さまざまな気づきが起こります。気づきとは、自分についての真実を発見することです。

コーチはクライアントに適切に関わりながら、場そのものもホールドします。気づきは常に「今」に起こります。場の力とは過去でも未来でもない「今ここ」にいる力であり、コーチはその源となります。

練磨の道

コーチングは非常に自由度の高い関わり方で、それが魅力であり、難しさでもあります。

ツールやアセスメントを使う、他の分野と組み合わせるなどの方法もありますが、私自身は「素手でコーチングする」ことにこだわってきました。それには実践から知恵を積み重ね、在り方と技術を磨くしかありません。自身の存在の純度を高めること、自ら変容を重ねてそのプロセスを熟知することが必要でした。

私のコーチとしての歩みは、常に練磨の道を行く厳しさと共にあったように思います。特に最初の数年は、さまざまな悩みや葛藤、抑圧と向き合い、解消して昇華させていくことの繰り返しでした。その果てのな

さに思わずコーチになったことを後悔したくなるほどでした。

　また、コーチングを実践する中で、コーチングがなぜ機能するのか、限界とリスクは何か、同じ関わり方をしているのになぜ、人によって効果が違うのか、など無数の疑問が生まれました。それらの解を求めて、カウンセリングや心理学、脳科学を臨床家、研究者から学び、書籍を読み漁りました。学べば学ぶほど人間の奥深さと複雑さに触れ、「あと3回人生があっても足りない」と気が遠くなりました。

　そうしてもがきながら進む中で、同じ意識を持って研鑽（けんさん）する仲間、心身のメンテナンスを委ねられる卓越したプロの面々、コーチングを超えてもはや人生の恩師とも言うべき、二人のコーチと出会いました。何よりも、多くの素晴らしい魅力的なクライアントの方々と出会い、磨いていただいたことはかけがえのない財産です。

RIN SPIRAL

　コーチとなって7年目の7月7日、事業の拡大を意図して株式会社RIN SPIRALを設立しました。RINには倫理の倫、「凛とする」の凛の意を込めています。現代の日本社会は、経済合理性や効率性を重んじるイデオロギーに席巻されていますが、日本人はもともと内なる羅針盤とも言うべき倫理観を大切にしてきたと思います。倫理観はそれらのイデオロギーを超えうるある種の美しさであり、大きな力だと思います。またSPIRAL（螺旋）は、DNAから銀河に至るまで宇宙に広く存在する普遍的なフラクタルです。

　一人ひとりの倫理観が健やかに育まれ、凛とした行為として社会に善き影響を与えること、それを多くの方と一緒に螺旋が上昇するように加速させていくことが新しい私の挑戦です。

自分の道を生きるすべての方へ

　私は実生活では、できないことの多いポンコツな人間です。お金や時

間の管理、計画を立てることが苦手で、衝動的なため、愛する家族には心配をかけてばかりです。そんな私が唯一、人並みはずれてできることかもしれない、と思うのがコーチングです。

　それは能力があるからでは決してなく、存在の奥底から「コーチになりたい」「人の内にある、強烈に輝く光を呼び覚ましたい」と切望し、命をかけてコーチングという道を生きてきたからだと思います。ですから同じように、深い希いに突き動かされて生きる人に引きつけられます。中でも、事業を生み出し、会社や組織を立ち上げ、孤独と葛藤の中で「経営という道」を生きる経営者やリーダーの姿には、深く胸を打たれます。

　宇宙の中で、自分だけに与えられた道を生きる人の孤独が癒やされ、葛藤が解消し、力強く希いを生きられるよう、魂の同志であり続ける。それが私の希いです。

<プロフィール> **石原 夏子**（いしはら なつこ）

1975年生まれ、東京都出身。上智大学法学部卒業後、アンダーセン・コンサルティング（現アクセンチュア）入社。金融機関、総合商社、大手製造業等の業務改革・システム導入プロジェクトに携わる。16年間勤務した後、研究機関で働きながらCTIジャパンでコーチングを学び、2014年からコーチとして活動を開始。2021年、事業拡大のため株式会社RIN SPIRALを設立。経営者を中心に幅広いクライアントさんを支援している。

コーチ歴	2014年から	セッション人数	約230人
コーチング 時間	約2,400時間	主なお客様の 年齢層・性別	30代〜50代 男性・女性
活動拠点	東京都／対面・リモート、どちらも対応可　東京都近郊以外での 対面セッションをご希望の場合はご相談ください。		
資格	米国CTI認定プロコーチ（CPCC） 国際コーチ連盟認定プロフェッショナル・サーティファイド・コーチ（PCC） 米国NLP協会認定NLPプラクティショナー		
主な相談の テーマ	・経営上の意思決定、課題解決 ・リーダーシップの進化／深化 ・人材育成、ビジョンの浸透		
コーチング商品 および価格 （時間・回数）	コーチング6カ月 60万円（税別）から		
コンタクト方法 ・連絡先	ホームページ：https://omoinoshima.com 問い合わせ：https://omoinoshima.com/contact/		

「当たり前を疑うこと」を信条に、組織や個人の成長に働きかけて
経営にインパクトをもたらす戦略的なコーチングを行います。

エグゼクティブの成果とは、
「周囲にどれだけ
良い影響をもたらすか」

株式会社アップシフト　代表取締役／佐藤正彦

　新しい時代に適応し、組織や社会を変革するエグゼクティブには「人」「場」に与える肯定的（ポジティブ）な影響力が必要です。これからの時代におけるエグゼクティブには、特に3つの力（①チャレンジ精神や自律性、行動力、洞察力、愛情などの人間的資質　②企画力や創造性　③周囲とのコミュニケーション能力やコーチング、人間理解力、EQなどの対人関係能力）が重要になります。

　そして、エグゼクティブには人間力やリーダーとしての在り方（being）が問われています。エグゼクティブコーチングセッションを通じて、クライアントの可能性を最大化するために、対話を通じて効果的な問いかけやフィードバック、ツール、フレームワークを用いて「人と組織の変容」を支援しています。

▌行動変容は思考・感情＋行動に焦点を当てる

　エグゼクティブの伸ばすべき最大の能力は「自己認識力」です。自己認識力は自己改革の基礎であり、それなしではエグゼクティブとしての成長は見込めません。ただし、地位が高くなり権威を得られるほど、周囲からフィードバックを受ける機会が減り、「自己認識力が落ちてしま

う」のです。行動変容（自分や世界に対する見方や捉え方がシフトし、行動が変わること）とは、行動（人が行ったり言ったりすること）を変えるためのものであり、クライアントの性格や人格を変えること自体を意図しているわけではありません。人には思考と感情が存在しており、脳科学的にも行動と密接に関わっています。EI（感情的知性）を刺激することでメタ認知力を高め、クライアントが「客観的な自己診断やモニタリング」ができるように支援します。

　行動変容の対象になるのは、クライアントの成果を達成する上での行動の過多および行動の不足です。クライアントのステイクホルダーに360度フィードバックのヒアリングを実施し、内面的自己認識と外面的自己認識のギャップを明らかにします。その後、変えるべき行動を標的行動と定め、行動の過剰では望ましくない標的行動の頻度、持続時間、強度を減らす改善の継続・定着を図ります。極度の負けず嫌いや、人の話を聞かないこと、決めつけや押しつけ、人に委ねないことや破壊的なコメントをするなどのエゴは過剰の一例です。

　また、行動の不足では望ましい行動を標的行動として増やす必要があり、謙虚さや笑顔、積極的に周囲の意見に耳を傾けることなどは不足の例ということです。ジョハリの窓の「盲点の窓」を知ることで内面的自己を掘り下げ、行動変容への動機づけと取り組む姿勢を前向きにします。そして、周囲に「私は変わる」と公言・約束することで、成功の可能性が格段に高まるのです。

コーチングの神様の「成功するリーダーの極意」の教え

　私は、エグゼクティブコーチングの第一人者であり、米国でグル（先導者）と呼ばれるマーシャル・ゴールドスミス博士（Dr. Marshall Goldsmith）直伝のリーダーシップ能力開発メソッドを活用しています。「360度フィードバック手法のパイオニア」であるマーシャル・ゴールドスミス氏はリーダーシップ開発における世界的権威の一人であり、「リ

ーダーシップに関わる問題行動を改善するのが、エグゼクティブが人を味方につける最良の方法」であると説いています。

やり方は実にシンプルで、事前の360度フィードバックを基に、まずクライアントさん自身が「変えたいと思う行動」を決め、その行動を改善するための「平易な5つの日課の質問」にしてもらいます。次に、その「日課の質問」に沿って、毎日一日の終わりに自身で振り返りチェックをつけて記録してもらいます。そして、次回のコーチングセッションの時に記録をコーチと共有し、実践できたことやできなかったこと、気づいたことや発見したことなどを基にコーチと対話します。

しかしながら、エグゼクティブは行動変容しようとする確かな意思があるにもかかわらず、それをくじくような考えに直面して苦しむことがあります。コーチはクライアントが行動を変えるのに妨げとなった思考や感情の克服を手助けして、次の一手につなげてもらいます。

行動を変えるには、こうした地道な努力と内省を実践・継続していくことです。問題行動を変えるには「日課の質問」による自問自答の振り返りを習慣化することが成功の礎になります。ダイエットアプリに毎日の食事の内容や運動などを記録して管理すると、スマホの画面でバーチャルなコーチが励まし、モチベーションを継続するのに似ています。

私は、エグゼクティブやリーダーに対するビジネスコーチであると同時に、スポーツ指導者やコーチに対するスポーツコミュニケーションアドバイザー＆コーチでもあります。一流と言われるアスリートは、試合で最大のパフォーマンスを生むために、日頃の食事や睡眠などを管理し、ストレッチや基礎運動など日々の基本的な鍛錬を徹底しているのです。ダイエットも行動変容も一朝一夕にできるものではなく、成功は日夜繰り返して行うささやかな努力の積み重ねと試行錯誤を経て得られるのです。いきなり大上段に構えるよりも、必要とされる小さな変革を意図的に実践して、経験から学ぶほうが成果を上げられるのです。

クライアントが抱える課題をテーマにセッションを行う

　行動を変えることは口で言うほど容易ではありません。一般的に人の行動に変化が表れ定着するには、早くて6カ月から1年はかかると言われています。エグゼクティブコーチングは、行動変容の取り組みを促進するフォローを継続して行うとともに、エグゼクティブが抱えるさまざまな経営課題をテーマにセッションを行います。例えば、新規事業戦略、上級管理職の育成、役員間コミュニケーション、組織風土やエンゲージメント、価値創造、DE&I、タイムマネジメント、企業倫理観や夢、サイエンスとアートについてなど多岐にわたります。エグゼクティブは孤独なものです。社内の人間には相談できないモヤモヤした悩ましい思いや迷いも、コーチはニュートラルに耳を傾け、問いを立てることでクライアントの思考の枠（思い込みや固定観念、認知バイアスなど）を解除します。そして、クライアントの課題解決をクライアント自身で行えるよう支援します。優秀な人ほど、往々にして過去の成功のパラドックスに陥りやすいものです。ほぼ絶え間なく変わり続ける組織の中でさらなる成功を収めたければ、まずエグゼクティブ自身が変わることです。何の困難もなく変革の目標を設定し、進むべき道を選択し、実行できるエグゼクティブなどいません。そこには、壁打ち相手として伴走してくれるコーチが必要なのです。そして私自身も、優秀で尊敬に値するエグゼクティブとのコーチングを通じて、クライアントの努力や成果に心震える感動や学びをいただき感謝しています。誰もが働き甲斐があって、誰も取り残さない、誰もが幸せな、そんな持続可能な組織や社会づくりのパートナーになれれば幸いです。

〈プロフィール〉**佐藤 正彦**（さとう まさひこ）

1959年3月5日生まれ、東京都出身。青山学院大学文学部英米文学科卒後、酒類食品専門商社、外資系生保を経て保険乗合代理店・営業教育会社のベンチャー立ち上げに参画。延べ2万人に研修・講演。その後、2009年株式会社アップシフト設立、代表取締役。リーダー開発、組織風土改革、人材成長支援、営業支援に寄与。経営層・リーダー層に対するエグゼクティブコーチ、研修講師、顧問。経営インパクトを高める実践的知見を時代の変化に即して常にアップデート。「人と組織のチェンジ・プロモーター」として日々奔走。

月間実務経営ニュース、Wisdom School、新日本保険新聞、保険毎日新聞等、連載多数

コーチ歴	2008年から	セッション人数	約520人
コーチング時間	約6,100時間	主なお客様の年齢層・性別	40代〜60代 男性・女性・その他
活動拠点	全国／対面・リモート、どちらも対応可		
資格	BCS認定プロフェッショナルビジネスコーチ LIMRA（米国生命保険経営調査協会）公認トレーナー （一社）日本ハラスメントリスク管理協会認定講師 （一社）日本スポーツコーチング協会認定 スポーツコミュニケーションアドバイザー＆コーチ （一社）日本アート教育振興会認定 アートマインドadvancedコーチ		
主な相談のテーマ	・エグゼクティブやリーダー層の行動変容　組織力強化 ・リーダーシップ、フォロワーシップ、マネジメント力強化 　（視座を高め、視点を変え、視野を広げる） ・組織風土改革、組織・チームエンゲージメントの向上 ・1on1ミーティングの導入、運用、アップスキリング		
コーチング商品および価格 （時間・回数）	エグゼクティブコーチング　ビジネスコーチング　スポーツ指導者へのコーチofコーチ 1回60分〜90分×12回（基本6カ月間が1クール） 対話型絵画鑑賞コーチング　1回45分　　報酬価格は要相談		
コンタクト方法・連絡先	ホームページ：https://www.upshift.co.jp/ メール：sato@upshift.co.jp		

エグゼクティブコーチングを日本GDP成長の起爆剤に！

エグゼクティブが変わる、社員が変わる、会社が変わる、そして日本経済が成長する

株式会社コーチ・ジネッツ　代表取締役／吉里彰二

「エグゼクティブたちの何気ない発言や行動が部下のモチベーションを下げ、パフォーマンスを毀損することで企業は持てる組織力を100％発揮できていない。この状態をなんとかしなければならない」という強い想いで、私は日々エグゼクティブコーチングに力を注いでいます。

エグゼクティブたちが自らの状況に気づき、行動や意識を変革することで企業の組織力が向上し、ひいては日本GDPの成長につながると信じています。

コーチングにつながる原点

私は2006年にキャリアカウンセラーの資格を取得し、社内キャリアカウンセリング制度を立ち上げました。これがカウンセリングやコーチングの世界への第一歩です。

その後、人材・組織開発部長として社内のさまざまな人間模様を目の当たりにする中で、エグゼクティブコーチングの必要性を認識をし、2011年に赴任した米国でほとんどの社長がコーチを付けているのを見て、確信に至りました。

ただ、自分がクライアントなら、エグゼクティブの経験のあるコーチ

から受けたいという思いがあり、すぐにコーチに転向せず、部長やグループ会社社長、役員等とキャリアを積み、還暦を機に役員を退任し、エグゼクティブコーチの認定資格を取得し、株式会社コーチ・ジネッツを設立して独立しました。

ジネッツ流組織開発コーチング®

クライアント個人を点としてではなく、組織を面としてコーチングすることで組織開発につなげています。パターンとしては次の通りです。

パターン①　初年度は社長にコーチングを実施。翌年には取締役、執行役員へとすそ野を広げていく。

パターン②　毎年対象者は変わるが、同一企業の複数名（最大10名）にコーチングを実施。

パターン③　コーチングを通してクライアントにコーチングを学んでいただき、職場で部下に対してコーチングを展開。

パターン④　クライアントの上司と役割を分担し、二人三脚でクライアントの育成を図る。

また、個人を対象とするケースでは、2年・3年と継続的に伴走型でご支援をしています。

質問に終始せず、状況に適した助言も実施

単にコーチングと言っても各コーチング会社によって特徴があります。私は、質問のみにこだわるのではなく、必要に応じあくまで情報提供という形式ではありますが、自分の経験や他社の事例などをお話しすることで気づきにつながるように、クライアントそれぞれの置かれた状況に合わせたスタイルを選択しています。これこそ、エグゼクティブを経験しているコーチのうま味だと思います。

実際、多くのクライアントから、「自分の知らない情報の提供により検討や思考の幅が広がり、新たな気づきを得ることで、自身の行動を選

択・決定することができた」と好評です。

これからのコーチング業界

　クライアントによってはコーチングを途中で止めてしまうことがあります。その理由としてコーチとの相性がありますが、そのコーチのコーチング手法にも原因があります。

　純粋に質問にこだわってもらいたい人、時には解決の糸口になる助言が必要な人、取り組みや状況ばかりでなく感情や気持ちに寄り添ってもらいたい人など、クライアントによってコーチングに期待するものが違います。

　初回に経験したコーチングに違和感を覚え、コーチングそのものを否定的に捉えられたら大変です。そのようなクライアントには、別のコーチ会社のコーチをご紹介できたら素晴らしいと思います。

　そのようにしてコーチング業界を盛り上げ、日本経済の成長に貢献したいと思います。

<株式会社コーチ・ジネッツのミッション、ビジョン>
ミッション
【エグゼクティブコーチングを日本GDP成長の起爆剤に！】

2030年に実現するビジョン
【全てのCEO／COOにエグゼクティブコーチを】
「君のエグゼクティブコーチはどなた？」という会話が日本のCEO／COOの間で日常的となっている。
【コーポレートガバナンスコードへの記載】
投資家からもエグゼクティブコーチングの有用性が認識、注目され、社内でのエグゼクティブコーチの活用に関しての質問が記載されている。
【多くの質の高いエグゼクティブコーチの誕生】

実際にエグゼクティブコーチングを受けた経営者、特に人事担当役員の
全員がエグゼクティブコーチになっている。

<プロフィール>吉里 彰二（よしさと しょうじ）

株式会社コーチ・ジネッツ代表取締役
1958年、東京都生まれ。1982年東京大学経済学部卒業、三菱化成工業株式会社（現 三菱ケミカル株式会社）に入社。三菱化学株式会社人材・組織開発部長、三菱ケミカルホールディングスアメリカInc.社長、株式会社三菱ケミカルホールディングス執行役員監査室長、大陽日酸株式会社取締役常務執行役員チーフコンプライアンスオフィサーを歴任し、2020年株式会社コーチ・ジネッツ設立。インドネシア４年半、ニューヨーク４年の駐在経験あり。

コーチ歴	2020年から	セッション人数	約210人
コーチング時間	約1,500時間	主なお客様の年齢層・性別	主に50代男性・女性
活動拠点	神奈川県／対面・リモート、どちらも対応可		
資格	BCS認定プロフェッショナルエグゼクティブコーチ 選択理論心理学会認定選択理論心理士		
主な相談のテーマ	・ミッションの浸透 ・後継者育成 ・組織マネジメント		
コーチング商品および価格（時間・回数）	＜企業向け一例＞ ・200万円＋税、 ・１回60分、合計12回のコーチング ・関係者からのヒアリング ＜個人向け＞ 個別相談		
コンタクト方法・連絡先	ホームページ：http://coachjinets.com/ メール：shoji@coachjinets.com		

あなた（個人・組織）の課題を契機に自身と世界の幸せを考え、そして、人と組織を幸せにするグローバルリーダーへと導きます。

グローバルな世界観を持っている
エグゼクティブコーチ

株式会社HR＆B　代表取締役／藤間美樹

■ ある記憶

　今でも思い出すと、自分の至らなさに忸怩（じくじ）たる感情が湧いてきます。2005年の当時、私の上司であったあのアメリカ人社長のエグゼクティブコーチを、もし私がしていたらどうなっていたのだろうか。

　私は人事マネジャーとして2001年〜2004年アメリカに駐在し、多くの外国人リーダーと仕事をしてきたので、人事面も含めグローバルなマネジメント慣行の何たるかを理解しているつもりでした。その後、2005年には大手グローバル企業の人事総務部長に転職しました。そこのアメリカ人社長は若くして日本子会社のトップに抜擢されただけあり、将来を嘱望されているまさにエリートでした。経営者としての能力も非常に高く、難しい局面でも果敢に決断できる社長でしたが、社員への対応は厳しく、多くの人がついていけない状況でした。ある日、私が人事部門のグローバル会議のためアメリカ本社に出張する際、彼は私にこんな言葉を投げかけたのです。「俺のマネジメントチームであることを忘れるな！」と。

　当時の私は、「きっと社長は自分の出世のため俺に恥をかかせるな、と言いたいのだろう」と受け取り多少憤慨したのでした。今振り返っ

て、もしあの時の自分が、あのアメリカ人社長のエグゼクティブコーチをしていたら、まず日本人社員への接し方を改めるような気づきを促すコーチングをしていたと思うのです。この記憶が冒頭の言葉の理由なのです。

　その後も多くの外国人とさまざまなチャレンジを重ねる中で、本物のグローバルリーダーのあるべき姿を学びました。また、私自身もグローバル企業の多様性に富んだ役員の一人として活躍し、組織を牽引してきたのです。

　世界のマーケットを相手にして、20年以上もグローバルリーダーと共に経営に当たってきた今ならば、あのアメリカ人社長の思想や苦悩が理解でき、彼が目指そうとした組織の実現をきっとサポートできるに違いありません。

■ グローバルな世界観の欠如

　話は変わりますが、1979年にエズラ・ヴォーゲルというアメリカ人の社会学者が『ジャパン・アズ・ナンバーワン』という書籍を出して話題になりました。それほどまでに当時の日本経済の勢いには目を見張るものがあったのですが、今では「失われた30年」と言われるほどに成長は低迷しています。

　これにはさまざまな要因が指摘されていますが、人事的な視点で申しますと、「急速な時代の変化に対応できる組織開発・人材育成ができていない」ということになります。昭和のマネジメント慣行を引きずったままで、グローバルな環境変化への適応が後れているのです。

　IMD（国際経営開発研究所）の世界競争力ランキングを見ますと、日本の国際競争力は下がり続けており、2023年には64カ国の中で過去最低の35位になっています。ビジネス効率性では47位、マネジメント慣行のランキングでは、なんと62位。ほぼ最下位レベルという実情です。

　幸いにして私は、素晴らしいグローバルリーダーたちと共に世界の舞台でチャレンジし続けてきたおかげで、真のグローバルリーダーのあるべき姿と、彼らのマネジメント慣行がよく理解できるようになりました。あのアメリカ人社長が言った「俺のマネジメントチームであることを忘れるな！」の一言は、グローバルな会議で果たすべき役割をわかっていなかった私の危うい未熟さを見透かして、ビシッと釘を刺した言葉だったのです。

　今、私はエグゼクティブコーチとして活動していますが、コーチングにはスキルがあります。クライアントさんに問いかけ、返ってきたその答えに対してさらにまた問いを繰り返していくことで、クライアントさん自身が何かに気づき、自発的に行動できるようにサポートしていきます。コーチングの場面では、コーチの問いかけ次第でクライアントさんの意識と行動は大きく変わります。ですので、コーチの人間観や世界観が多分に影響を及ぼすことになります。

　もし2005年のあの時、私があのアメリカ人社長のエグゼクティブコーチをしていたら、当時の私の「日本的な世界観」に基づいて、彼に日本式マネジメント慣行への気づきを促すコーチングをしていたでしょう。ただ、今なら日本人社員をグローバルで通用する人材に育て上げようと厳しく指導していた彼の意図がよく理解できるので、どのようにしたら彼のメッセージが伝わりやすいのか、その伝え方に彼が気づくようにきっとコーチングすることでしょう。グローバルマーケットで戦うエグゼクティブには、「グローバルな世界観」を持っているエグゼクティブコーチでないと対応できないのです。

　コーチングの神様と言われるマーシャル・ゴールドスミス博士が直伝してくださる「グローバル企業のCEOが必要とするエグゼクティブコ

ーチ研修」を受講し、修了証も授与されたのですが、その研修の受講者はほぼ全員がプロのエグゼクティブコーチでしたので、テクニカルな話は少なく、講義の大半は、彼がエグゼクティブコーチとしてどのようにグローバル企業のCEOと対話してきたのか、その興味深いエピソードでした。その内容は、コーチングの神様の世界観と、一流グローバル企業のCEOの世界観が生み出す良質な化学反応であり、マーシャルの落ち着いた語り口からは彼の崇高な人間性までも伝わってきたのです。

　エグゼクティブコーチとしてのスキルに加えどのような世界観を持っているのか？　VUCAの時代にグローバルに立ち向かうエグゼクティブには、グローバルで通用する世界観を持つエグゼクティブコーチがふさわしいのではないでしょうか。それぞれが持つ世界観が互いに高め合い昇華し、境地に達した心地よさとゆとりにつつまれ、自然とクオリティの高いコーチングが展開されていきます。2000年以降、14年間も上司が外国人で、M&Aは海外案件を中心に10件以上、海外駐在はアメリカに3回で計6年、複数のグローバル企業で執行役員人事本部長などの要職を経験してきました。そして、優れたグローバルリーダーとの20年以上のコラボレーションと執行役員の経験により、最新の人事と経営の視点からのグローバルで通用する世界観を持っております。プロのエグゼクティブコーチとしての経験は2023年からですが、2010年からアメリカ仕込みのコーチングスキルをベースとした1on1を致しており、コーチングの経験は豊富です。

　「人事で経営を、そして日本を強くする」という理念を掲げて株式会社HR&Bを創業し、「人事コンサルタント」と「エグゼクティブコーチ」を両輪として、今、私は力強く活動を展開しているところです。

〈プロフィール〉**藤間 美樹**（ふじま みき）

1961年７月30日神戸生まれ。
株式会社HR&B代表取締役。
人事実践科学会議副代表理事、日本心理的資本協会理事、BCS認定プロフェッショナルエグゼクティブコーチと日本心理的資本協会認定PsyCap Masterの資格を有し、人事コンサルタントとエグゼクティブコーチとして活動。神戸大学卒業後、藤沢薬品工業（現アステラス製薬）、バイエルメディカル、武田薬品工業、参天製薬、積水ハウスに勤務し、執行役員人事本部長等の要職をグローバルに歴任。

コーチ歴	2023年から	セッション人数	約50人
コーチング時間	約200時間	主なお客様の年齢層・性別	40代〜50代男性・女性
活動拠点	大阪府／対面・リモート、どちらも対応可　関西と関東はリアル対応、オンラインは日本のみならず海外も対応		
資格	BCS認定プロフェッショナルエグゼクティブコーチ 日本心理的資本協会認定PsyCap Master		
主な相談のテーマ	・経営課題 ・組織運営 ・リーダーシップやキャリア		
コーチング商品および価格 （時間・回数）	通常１時間〜１時間半を６〜10回程度、価格は応相談		
コンタクト方法・連絡先	ホームページ：https://hrandb.com/ メール：miki.fujima@hrandb.com		

あなたが腹の底から生きたい人生のために、私は、信念・気力・感情・思考が一致する「ど真ん中」を生きられるように導きます。

経営者の"自己一致した意思決定"を支援する、私のコーチング

株式会社アイデンティティベース　代表取締役／岡村優介

■ "ど真ん中"でつながる世界

　コーチを始めた19歳から現在に至るまで、私の原動力は、このビジョンの実現です。

　本書籍の執筆にご協力させていただけることに感謝しながら、お役立ていただける方とご縁がつながる機会になればと思い、私のエグゼクティブコーチとしての活動の経緯や、コーチングセッションの特徴をご紹介させていただきます。

■ ご縁で切り開かれてきたコーチとしてのキャリア

　私は19歳でコーチとしての活動を始めました。現在は、エグゼクティブコーチとして、経営者の方々を中心にご支援しています。

　コーチ活動の一番のきっかけは、両親です。自分の腹の底から生きたい人生を生きられていない時期と、心からやりたいことを叶えていきいきとしている二人の両面を見て、"自分の腹の底から生きたい人生を生きること"の大切さを学びました。そんな風にいきいきと生きる人を増やせたらと思い、コーチングを学び始めました。

　そこから、歯科教育関係の母のつながりで、歯科医や美容院のオーナーの方のコーチングを始め、さらに、ITベンチャー企業で人事を担当した経験から、そこに近い業界の経営者の方々も担当させていただきました。最近は、上場企業の経営者やスタートアップの経営者、ベストセラー作家や国家プロジェクトのリーダーの方々のコーチングもさせていただいています。年齢問わず志の高い素晴らしい方々のお役に立てることを、とても嬉しく感じています。

　コーチとしてのこれまでの道のりは、自分で意図していたものではなく、周りの方のご支援で切り拓かれてきました。目の前のクライアントさんに命を懸けて向き合い、コーチとしての技術や在り方をひたすら磨き続けるうちに、ご紹介のみで今があります。クライアントさんに育てていただいたと言っても過言ではありません。

▌自己矛盾のない“自己一致”の支援

　私がコーチングセッションで行っているのは、「自己一致のご支援」です。クライアントである経営層の方々にも、特にこの点をご満足のお声やご紹介の理由として挙げていただいています。

「自己一致している状態」とは、つまり、自己矛盾がない状態です。例えば、会社の売却・上場前後など、自身や会社のアイデンティティや方向性が大きな転換期を迎える時、どんな選択にも矛盾や違和感があるように感じて、強く葛藤される経営者の方が多くいらっしゃいます。

　私のコーチングでは、ルーツダウンセッションとメタアップセッションという２種類のセッションで、葛藤を統合し、「自己一致している状態」になるよう、ご支援します。まず、ルーツダウンセッションで、感

じている矛盾や違和感を切り口に、葛藤を引き起こしている原因を深掘りし、根本にある価値観や原体験、さらにその奥にある願いを見つけにいきます。その後、メタアップセッションで、願いを起点に、人生や会社の北極星となるような、向かいたい方向性・ビジョンを言葉にしていきます。

　私のコーチングを終えると、「元々悩んでいた葛藤が、葛藤ではなくなる」ということが起こります。これは、葛藤の根本にたどり着くことで、元々持っていた葛藤は表面的なもので本質は別にあったことに気づいたり、葛藤の奥にある願いを言葉にすることで、行動が明確になったり、願いにたどり着ければ過程の選択肢にはこだわらなくてもよいことに気づいたりするためです。

　一定の自己内省は一人で行えるものもありますが、それだと思考が偏ってしまったり、集中が続かなかったりしがちです。私のコーチングでは、深い内観深度で自分と向き合い続けられるよう、声や息、意識を深く置きながら"空間をホールドする"ことを心がけています。

　自己一致ができると、思考・感情・気・念、それぞれで感じる納得度合いが一致し、エネルギーに溢れた状態で、前に進んでいけると考えています。

　私のコーチングを説明する時、どうしても抽象的な言葉になってしまうので、受ける前は「正直よくわからない」という方もいらっしゃいます。しかしセッション後は、「命の使い方が明確になった」「今やっていることと自分の使命のずれに気づいた」という感想や、その気づきによって「意思決定コストが下がった」「付き合う人からの評価や集まる人が変わった」というお声をいただいています。私を信頼してコーチング

を受けてくださるクライアントの皆さんに、心から感謝しています。

腹の底からの願いで生きる

　私のビジョンは、「ど真ん中でつながる世界」です。「ど真ん中」とは、腹の底から生きたい人生を見つけて、生きられている状態をイメージしています。コーチングを通して、腹の底からの願いを見つけるお手伝いをする。そうして、「ど真ん中」を生きる人を増やし、それぞれの「ど真ん中」を共有し輝き合う世界観を、世界中に広げていく。

　エグゼクティブコーチとしては、引き続き経営者の方々のビジョン実現に伴走しながら、経営チームが一枚岩としてビジョンに向かって進んでいくための支援にも取り組み、お役立ていただける同志の方々のために、全力で命を注いでいきます。

〈プロフィール〉**岡村 優介**（おかむら ゆうすけ）

株式会社アイデンティティベース代表取締役
1993年生まれ。大学在学中に組織コンサル会社を経営。売却
後、ITベンチャー企業に入社し、人事部で採用と育成に携わ
る。その後2020年４月に株式会社アイデンティティベースを
創業。経営者や経営幹部層に対してのエグゼクティブ向けの
コーチング事業とキャリア支援事業として、「人生の軸をつ
くる」ためのプラットフォーム「ジブンジク」を運営してい
る。

コーチ歴	2014年から	セッション人数	約2,000人
コーチング時間	約5,000時間	主なお客様の年齢層・性別	20代〜50代 男性・女性
活動拠点	リモート		
資格	NLPプラクティショナー、国家資格キャリアコンサルタント		
主な相談のテーマ	・ミッション、ビジョン、バリュー、企業理念策定 ・アイデンティティ、自己一致、自己統一 ・キャリア、人生の軸		
コーチング商品および価格（時間・回数）	77,000円／１時間		
コンタクト方法・連絡先	ホームページ：https://coach.zapass.co/coach/okamura-yusuke/ メール：okamura@zapass.co		

自分軸確立がビジネス成功の鍵。前向きな思考と行動力を引き出し、持続可能なビジネス成功へいつも寄り添いサポートします。

経営者の味方：心と体の調和で パフォーマンスの最大化

株式会社P&I　代表取締役社長／新堀由梨枝

コーチとの出会い

　初めてコーチと出会った時、私は自分の見えない部分に気づくきっかけがありました。「この人は私よりも私のことをよく知っている」という感覚に触れ、これまでにない新しい視点が次々と湧き上がってきたのです。まるで暗闇の中を必死に進んでいた自分に、光の道が開けたような気がしました。これがブレイクスルーとなり、今まで長年しがみついていた固定観念を手放すことができ、自分の生き方を変える決断ができました。

　私は、たった一瞬で人生を変革できるコーチングの可能性に感銘を受けました。そして、自分と同じように悩む人々の支えになりたいと心底思ってコーチになりました。

コーチは心強い味方

「誰からもフィードバックをされない存在だからこそコーチが必要であり、同じ視座を持つ方に伴走してもらうことで、会社の成功だけでなく、人間力も磨くことができ、本質的に在りたい存在となっていく」と私も実感しています。

経営者は周囲に弱みを見せられず、孤独な闘いをしている方が多くおられます。壁打ち相手がいることで効率的に思考の整理ができ、地に根を張ったように安定した心で、果敢な挑戦や大胆な前進に変化させていきます。私は、コーチ自ら一生学び成長し続け、クライアントさんとは互いに高め合える関係性でありたいと思っています。

　かつて上司に、「アドバイスやプレッシャーではなく、自分を信じ、味方でいてくれる存在でいてほしい」と伝えた経験から、私はクライアントさんとの関係を築くうえで信頼とオープンなコミュニケーションの大切さを強く感じています。会社の同僚や家族にも話せないような胸中を自然に話せるパートナーでありたいと思っています。

　健康でポジティブな心の状態も経営者には欠かせないことと理解しています。大きな責任を抱えている中、健康的で豊かな心を維持するためにも、運動、ヨガ、マインドフルネス、瞑想などその方に合った方法のアドバイスも積極的にしています。毎回、心身共に整っている状態をサポートします。
　心の内を率直に表現することで、自ら気づいていない感情や無意識の思考、価値観が明らかになります。その結果、ビジネスの成功に情熱を注ぐ経営者がより広い視野を持ち、他者との関係を深め、組織全体のエネルギーを高められています。
　私は、クライアントさんが目指す成果や幸福に向けてより効率的に前進できるように、率直なフィードバックを心を込めてお伝えし、全力で応援しています。

▌コーチング哲学とメソッド

　私のアプローチは心と体の調和を通じてパフォーマンスを最大化し、

成幸マインドとビジョン実現のサポートに焦点を当てています。

　経営者は事業の成功に全力を注ぎがちで、その過程で自分自身や人としての在り方、ワークライフバランスを見失うことがあります。会社理念や組織の方針には自信を持てる一方で、感情や本質的な思いを表現することが難しいと感じる方もいらっしゃいます。未表明の信念や深層の感情に焦点を当て、本質的な思いを引き出していきます。

　そのために、自分軸をコンディショニングすることが大切だと考えています。自己理解と自己信頼の向上は、自分軸を整えることで深まります。自分軸のある経営者は、偽りのない思いや人間力が溢れていて、オーラがあり社員からも尊敬されています。経営理念の相違や人間力は社員の働き方や退職率にも関わっています。常に変化する状況下で、目標を明確化し方向性を示すことが重要であり、それによって、組織全体のストレスが軽減され、チームや組織の成功につながっています。自分軸を整えて続けているからこそ、細やかな変化にも気づいていかれ、創造性とイノベーションを促進し、新しいアイデアや解決策がどんどん生み出されていると感じています。多くの社員が共感し、会社全体が前向きで活気ある雰囲気を醸成し、組織にポジティブな影響を与えられています。

　私のコーチングでは常に学びと挑戦を大切にし、成長し続ける姿勢が組織全体のパフォーマンスを最大化する力になると信じています。前向きで他者を尊重し、感謝の気持ちを持つ経営者は、協力と連携を通じてシナジーを生み出し、信頼感に満ち、引き寄せる魅力を備えた人であると考えています。私はクライアントさんが自らの豊かな生き方を築き、本来の魅力と人間力を引き出し、周囲にとって魅力的な存在でい続けるお手伝いをします。

　成功や結果を生み出すためには、ストレスなく成長できる方法や環境

が不可欠です。私は経営者が自らのパフォーマンスを最大限に引き出すために、無意識に設定された限界や制約に気づき、それらを超えるサポートをし、より豊富な選択肢から必要な行動を選び、ぶれない判断ができるように関わっていきます。

▍オリジナルサービス

　エグゼクティブコーチングだけでなく、2つのオリジナルサービスも提供しています。1つは大自然の中で行う「ウェルネスリトリート」です。これは「心身の調和」を大切にする機会となります。五感を研ぎ澄まし、心と身体をリフレッシュし、新たな行動や視点を得ることができます。経営者がワークライフバランスを重視する姿勢は、従業員の仕事に対するエネルギーや満足度の向上に良い影響を与え、組織の雰囲気はポジティブになり、経営者の価値観が浸透し特有の組織文化が形成されます。

　2つ目はアクティビティとコーチングを融合させた「グループワーク」です。これは、コミュニケーションやチームワークの向上を促進し、自主的に業務にコミットし、効率的にパフォーマンスを発揮できる環境を整えることができます。まるで会社の運動会のような雰囲気で組織の一体感を高めることができます。

▍クライアントさんからの声

　太陽のようなオーラや情熱、自由な世界観を持ち、ありのままの自分を受け入れてもらえる安心感と信頼感があります。バックグラウンドや経験が個性的で、そのグローバルなマインドや価値観が予想外の視点を生み、自分の枠から抜け出せることができました。感謝の気持ちを持てるようになり、人としての在り方を見つめ直す良い機会となり、部下との信頼関係やボトムアップの動きにポジティブな変化を実感しています。

〈プロフィール〉**新堀 由梨枝**（しんぼり ゆりえ）

1981年9月4日、千葉県出身。
幼稚園教諭の経歴を持ち、渡米、ダンサーに転身。さまざまな職種を経て自身の経験から健康とライフバランスの重要性に気づき、コーチ資格を取得。2015年に株式会社P&Iを創業し経営者や起業家に対してエグゼクティブコーチングを提供、最大のパフォーマンスを引き出す支援に注力。子どもの教育やスポーツ、ヨガ講師としても活動。2023年には伊豆下田でノマドリゾートを開業。情熱に満ち、エネルギッシュで多岐にわたるスキルを持ったコーチ。

コーチ歴	2015年から	セッション人数	約380人
コーチング時間	約3,000時間	主なお客様の年齢層・性別	30代〜50代 男性・女性
活動拠点	エグゼクティブコーチング：オンライン、リアル対応 リトリート、研修：リアル対応 グループワーク：オンライン、リアル対応		
資格	GCS認定プロフェッショナルコーチ SBT 2級ライセンス 日本メンタルス協会カウンセラー ヨガ全米ヨガアライアンスRYT200 インサイドフロー認定講師 SUP YOGA＋FIT PADDLER JAPAN® 認定講師 幼稚園教諭 ダンス指導資格		
主な相談のテーマ	・事業の成長と拡大、自己実現 ・部下育成と信頼構築 ・ビジョンの明確化 ・リーダーシップ強化、チームコミュニケーション ・ストレス管理とワークライフバランス		
コーチング商品および価格（時間・回数）	エグゼクティブコーチング　90分 27,000円（税込）／ 60分 18,000円（税込） ビジネスコーチング　60分 16,000円（税込） 3回／3カ月〜 定期セッションご都合に合わせ時間対応可能 ウェルネスリトリート　50,000円〜 研修、グループワーク　要相談		
コンタクト方法・連絡先	ホームページ：https://www.yurieshinbori.com/ メール：info@p-and-i.jp		

あなたらしいビジョン（将来ありたい姿）やミッション（大切にしたい価値観）を明確化し、持続的な実現のためにサポートします。

誰もが当たり前に夢を持ち、叶えられる。それを支えるコーチでありたい

和気香子

20年間さまざまな業界・業種を体験し、コーチングに出合う

今は、主にベンチャー企業やスタートアップ企業の経営者様向けにコーチングを提供しています。コーチングに出合ったのは、2010年頃のこと。それからコーチングを勉強し、コーチとして独立・開業して今年で12年目になります。

大学在学中に女優を志したものの思うようにいかず、アメリカ・ニューヨーク大学へ留学。MBAを取得して帰国。ソフトバンクで新規事業立ち上げ、マッキャン・エリクソン及び日本コカ・コーラでマーケティング業務に携わり、小売りチェーン店の再生に関与した後、日本アジア投資でベンチャー企業への投資を担当。さまざまな業種・職種を経験してきました。

仕事は面白く、周りの人にも恵まれ、一生懸命取り組んできましたが、どの仕事も「一生やり続ける仕事」とは思えず、心の奥底ではずっと「ライフワーク」と呼べる仕事を探していました。

ベンチャー・キャピタルで1つの部を任され、やる気に燃えていたのですが、リーマン・ショックが起こり結果を出せない日が続きました。「こんな時だからしかたがない」と割り切れればいいのですが、私は

「自分の努力が足りない」と自分を責めたり、「上司や部下は私のことを情けないと思っているのでは」と他人の評価を気にしたりして、精神的にまいってしまいました。

　救いを求めて、いろいろな本を読んだり人の話を聞いたりと試行錯誤する中で、コーチングに出合いました。初めてコーチングを受けた時の衝撃は忘れられません。これまで自分を苦しめていた"きちんとしなければ"という圧力や、"他人の評価"から解放され、「自分のままでいい、もっと自由に生きていいんだ」と、すごく楽になりました。もやもやしていたことがすっきりし、これこそが私が探していた「ライフワークだ」と思いました。「私と同じように悩んでいる人をコーチングで救いたい」と、その時に決意したのです。

強みは、多種多様な職務経験と、たくさんの失敗経験

　かつて、「一貫性がない」と自分ではコンプレックスを感じていたさまざまな業界・業種での職務経験は、どのようなお仕事の方にも共感を持って寄り添うことができるというコーチとしての強みとなっています。中でも、ベンチャー企業への投資や企業再生などの仕事をしてきましたので、経営者の悩みや孤独が私にはよく理解できます。

　経営者の方は、周囲からは成功者で、悩みなどないように見えます。しかし本人は、経営や資金調達、従業員のこと、人間関係、プライベートなど、すごく迷ったり悩んだりしています。それでも、経営者は弱みを見せるわけにはいかず、一人で悩むことが多いのです。そんな時、利害関係がなく腹を割って話せる第三者に相談したいと思うことがきっとあるはず。そういう方にこそ、ぜひお役に立ちたいと心から思っています。

　私はこれまで約1,000人の方々にコーチングを行ってきました。最初は体験セッションから始まって、10年以上通ってくださる方もいます。継続してくださる方々からは、「話しやすい」「安心して相談できる」

と、有り難いお言葉を頂戴しています。私自身、人生でもキャリアでも
たくさん失敗をしてきましたので、そういう面からも安心してご相談い
ただけるのかもしれません。

"自分らしさ"を大切にしたコーチング

　私のコーチングは、"自分らしさ"を大切にしています。他の人の成
功モデルや成功本に書いてある内容をそのまま真似しようとして続かな
かったことはありませんか？　意思の問題ではなく、自分に合ったもの
ではなかったからなんです。

　コーチングセッションでは、まず自分らしいビジョン（将来在りたい
姿）やミッション（本当に大切にしたい価値観）を明確にします。そし
て、それらを実現するために短期・中期的に必要な目標を立て、それを
実現するための、自分らしく持続するアクションプラン（方法、やり
方）を考え、実行し、振り返るプロセスを踏んでいきます。

自分軸を持つことが1つのゴール

　自分らしいからこそ、頭（思考）と心（感情）の両方で腹落ちし、ど
んどん行動したくなり、続くのだと考えています。

　また、私のコーチングは、引き出すコーチングです。ご自身の中にあ
るけれど、普段の思考パターンではなかなか出てこないアイディアや考
えを引き出すよう関わっていきます。"アルキメデスがお風呂の中で物
理の法則を発見した"のと同じような状態を作るお手伝いと言えるかも
しれません。ご希望があれば、私の経験からできる限りのアドバイスも
いたしますが、基本はご自身にも考えていただきます。「答えはその人
の中にある」というのがコーチングの基本的な考え方ですが、たしかに
そのとおりで、「こんなにも多くの考えやアイディアがご本人の中にあ
ったのか」と毎回驚かされます。ご自身で考えて納得して決断するから
こそ、行動につながるのだと思います。

　何度かコーチングセッションをさせていただいたある経営者の方から、「以前は『正しいか正しくないか』が判断基準だったが、コーチングセッションを受けるようになって、『自分がハッピーかハッピーでないか』で判断できるようになり、すごく生きやすくなった」と言っていただきました。それを聞いた時は嬉しかったですね。その方は、「他人がどう思うか」ではなく、「自分がどう在りたいか＝自分軸」を持つことができるようになったのです。それこそが、コーチングの１つのゴールではないかと思います。

▌誰もが当たり前に夢を叶えられる世の中に

　私には夢があります。それは、「夢を持つのは当たり前。叶えるのはもっと当たり前な世の中」の実現です。そして、チャレンジする人が増えることです。

「夢なんて叶うわけがない」と、やる前からあきらめるのはとてももったいないことだと思います。もしコーチが寄り添い、その人の可能性を心から信じ、伴走し続けることで夢を叶えられる人が一人でも増えたなら、それは素晴らしいこと。そう思って、私はコーチを続けています。そして、私自身がチャレンジするコーチでありたいと願っています。

※コーチングをご希望の方は、まず、体験セッションにご予約ください。半年、１年といったコース制ではなく、１回限りのご利用も可能ですので、ぜひ、お気軽にご予約ください。

<プロフィール> **和気 香子**（わき きょうこ）

栃木県生まれ。東京大学経済学部経営学科卒業。
在学中に女優を志し、卒業後も女優業に従事。
ニューヨーク大学MBA取得。
留学後、ソフトバンク、マッキャン・エリクソン、日本コカ・コーラ、日本アジア投資に勤務。現在は、エグゼクティブコーチとして、主にベンチャー企業、スタートアップ企業の経営者、上場企業の幹部へのコーチング等を中心に活動。

コーチ歴	2012年から	セッション人数	約1,000人
コーチング時間	約10,000時間	主なお客様の年齢層・性別	20代～50代 男性・女性
活動拠点	東京都／対面・リモート、どちらも対応可　英語も対応可		
資格	チームフロー認定コーチ		
主な相談のテーマ	・人間関係を含む社内カルチャーについて ・自分及び従業員のモチベーション維持について ・経営全般（事業計画・資本政策立案、MVV策定、戦略・中期経営計画・予算・アクションプラン等）について ・プライベートな課題について		
コーチング商品および価格（時間・回数）	エグゼクティブコーチング：55,000円／回（消費税込、リアルの場合のカフェ代等の実費別）、所要時間は1時間半～2時間程度		
コンタクト方法・連絡先	ホームページ：https://www.kyokowaki.biz/ メール：kyokowaki@gmail.com		

「人を活かす」がモットーです。あなたが心底から望んでいる未来を見出し、本来持っている力を発揮できるようにサポートします。

クライアントの望ましい未来という未知の地平を探る旅を、共に目指す

経営相談有限会社　代表取締役／高取剛充

命を救ってくれた方々にどうすれば恩返しができるかと思い悩んだ日々

　大学生の頃、悪天候の中、雪山に単独で登り遭難したことがあります。凍った登山道で足を滑らせて転倒し、ピッケルを自分の腹に刺すという大失態。自力で下山はしたものの出血が酷く、危険な状態に陥りました。搬送された救急病院で受けた緊急手術のおかげで、片方の腎臓と引き換えに命を取り留めることができました。

　しかしその後、執刀した二人の医師は救急医としての激務が祟ったのか、私の退院後に次々と亡くなられ、病院は閉院となりました。自分は生きられたのに私を助けた人が亡くなり、病院もなくなってしまったことに大きな衝撃を受けました。

　いつか恩返しをと思っていたのに返す相手はもういない。気持ちの行き場がなくなり、やがてそれは何もできていない自分への責めになっていきました。そんな気持ちを抱えた日々を過ごすうちに、助けてくれた人が他にもたくさんいたことに思い至りました。荷物を担いでくれた行きずりの登山者、やっと見つけて倒れ込んだ宿で救急車を呼んでくれた人、救急隊員や看護師の皆さんなど。名前もわからない誰かのおかげで今生きてここにいる。ならば、自分も誰か知らない人に恩を返していけ

265

ばよいのではないか。そう考えることで自責の念から救われて、自分が
生きていることを許せるようになりました。何をしたらいいのか、その
時はわかりませんでしたが、その後の人生の選択に大きく影響する決め
ごとをその時にしたように思います。

　その後また山に戻り、山小屋の番人を経て山岳写真家の助手として、
カラコルム、ヒンズークシ、ヒマラヤ、カナダ、ヨーロッパアルプス
と、海外の山岳を巡ることになりました。山で感じた自然の恵みを人に
も届けたいというのが山岳写真の世界に入って思ったことでした。この
道なら都会の人にも自然に触れて元気になってもらえると。

　しかし、写真の世界も難しく、商業的に成り立たなければ撮影費用も
出ません。

　どうしてうまくいかないんだろう。こんなに人のためになることをし
ているのに……。家庭を持ち生活費の必要もある中、模索ばかりが続き
自分の写真に自分の思うような価値があるのか、と疑うようになってい
きました。

コーチングに出合い「人を活かす」ことを生きる目的とする

　コーチングのベースとなるNLPというカウンセリングスキルと出合
ったのは、その頃のことです。スキルを学ぶという建前のもと、本当は
自分の問題を解決したくて頻繁に講座に通うようになりました。

　そこでは多くの気づきがあり、暗い迷路に出口の光が見えるような体
験を何度もしました。3年ほど通った結果、その後の人生を決定づける
1つの答えを得ることになります。「人を活かす」というフレーズです。

　通常のコミュニケーションは伝えることが目的です。わかってほし
い、これをしてほしいなど、コミュニケーションを自分の目的を達成す
る手段に使います。つまり意識の矢印は常に自分に向いています。それ
が、NLPコーチングを知って劇的に変わりました。意識の矢印が180度
向きを変え、コミュニケーションの目的が相手のゴールの達成になった

266

のです。「そうか、だから今までうまくいかなかったんだ！」と、すべての問題の真因がわかったような驚きがありました。

このようなものの見方で人と関われば、知らない誰かに恩を返すという宿題が、ようやく形にできるかもしれない。その希望に大きな安堵感を持つことができました。「人と関わる目的を、『相手を活かす』ことにしよう。自分が生きてここにあることを許せるように、この想いをずっと持ち続けよう」、そう思いました。

目先の問題解決ではなく、その先の本当のゴールを探り当てる

コーチングをライフワークとすることを決めたのは2008年です。その時私は、コーチングを仕事にするとは言いませんでした。24時間コーチである、と宣言したのです。大袈裟な言い方ですが、未来の自分に決定事項を伝えるためには、「宣言」という形が必要だったのです。

以来私は、人生に迷うことなく日々を過ごしています。55歳で勉強を始めて国家資格を取り、経営大学院を卒業。今は中小企業診断士として企業の経営相談を受けながら、コーチとして経営者をサポートしています。

私のコーチングでは、目先の問題解決は1つのきっかけと考え、その先にある本当のゴールを特定し、ゴールを妨げているクライアント自身の中にある思い込みを解除して、心の底で願っている本当のゴールに向けて自由に走っていける状態をつくります。

クライアントの真の願いとは何か。それは非言語表現によく表れます。本人に自覚がないながら私に伝えようとしていることがあり、それを見逃さないようによく集中して「今ここ」を共有しています。

クライアントとのコーチングセッションは、対話の中で何かが創造される瞬間であり、発見のある旅です。見たことがない地平を見てみたいというのが、若い頃に探検に憧れ、カラコルム山脈の高峰に挑み、氷河を歩いた動機でした。それと同じものを、コーチングのセッションの時

にはよく感じます。

　クライアントの望ましい未来という未知の地平を探る旅を、クライアントの安全を図りながら、時にガイドし、時にレスキューして同行するのが私の役割だと思っています。

〈プロフィール〉**高取 剛充**（たかとり よしみつ）

経営相談有限会社代表取締役。法政大学大学院イノベーションマネジメント研究科修了（MBA）。
1959年6月生まれ。東京都出身。
チョモランマ、K2など複数のヒマラヤ登山隊に参加した経験を活かして、コーチングとチームビルディング・ファシリテーションを行う。その後、企業研修講師を経て、中小企業診断士となり、経営コンサルティングを行っている。得意分野は人材育成や組織開発。

コーチ歴	2008年から	セッション人数	約200人
コーチング時間	約1,600時間	主なお客様の年齢層・性別	30代〜50代 男性・女性
活動拠点	東京都／基本的にリモート。全国対応。		
資格	＜コーチング資格＞ NLPマスタープラクティショナー（CPI）、NLPコーチ（CPI） 競技別指導者コーチ2（日本スポーツ協会） ＜コーチングコース修了＞ コア・コース修了（CTI）、プロフェッショナルコース修了（WSC） ＜その他資格＞ 中小企業診断士、賃貸不動産経営管理士、業績評価士、事業承継士、承継寄付診断士、自走式組織コンサルタント、Web解析士 ＜その他コース修了＞ アドベンチャープログラミング（PAJ）、アドベンチャーベースドカウンセリング（PAJ）		
主な相談のテーマ	・経営方針　　・事業承継　　・事業再構築　　・対人関係 ・組織開発（事業承継、従業員活性化、理念浸透、幹部育成） ・集客		
コーチング商品および価格（時間・回数）	エグゼクティブコーチング 3週間に1回の頻度、8回で6カ月。40万円 コーチング研修（集合研修） 基礎コース1日（6時間）20万円〜　9名以上18名以内……初心者 実務コース1日（6時間）20万円〜　6名以上12名以内……基礎コース修了者		
コンタクト方法・連絡先	ホームページ：https://excoach.jp メール：info@excoach.jp		

〈編者プロフィール〉
いきいきとした人生と仕事に貢献するコーチの会
2023年7月、「いきいきとした人生と仕事に貢献するコーチ」の活動を応援するために発足した有志の会。現在、書籍の制作をメインに活動を展開。事務局は有限会社イー・プランニング麹町オフィス内にある。
https://eplanning.jp/

企画協力（順不同）：ワンネス株式会社
　　　　　　　　　　一般社団法人東京コーチング協会
　　　　　　　　　　ZaPASS JAPAN 株式会社

あなたが出逢いたいコーチにきっと出逢える！
コーチ52選／名鑑

2024年5月21日　第1版第1刷発行

編　者	いきいきとした人生と仕事に貢献するコーチの会
発　行	株式会社PHPエディターズ・グループ
	〒135-0061　東京都江東区豊洲5-6-52
	☎03-6204-2931
	https://www.peg.co.jp/
印　刷	シナノ印刷株式会社
製　本	

Ⓒ eplanning 2024 Printed in Japan　　　　ISBN978-4-910739-52-6